의자와의 대화

의자

W미디어

contents

제2부 사랑과 가정

contents

나도 모르겠다. 인디애나 마리온 카운티의 헐벗은 나무들 사이, 그 좁은 길 끝에서 내가 무엇을 발견하고 싶어 했는지. 하지만 내가 그 곳에서 발견한 것은 작고 빨간 벽돌교회였다.

나는 그 곳에 끌리듯 들어섰다. 예배를 보는 곳은 작고 소박한 공간이었다. 매끄러운 타일이 깔린 바닥에 나무로 만든 설교단과 수수한 접이식 의자들이 마주 놓여 있었다. 그리고 길게 늘어선 나무 의자들 뒤에, 이 의자들이 모두 보이는 자리에 또 다른 의자가 하나 있었다.

그 의자에는 한 남자가 앉아 있었다. 젊어 보이는 얼굴이 약간 말라 보이는 인상이었다. 깍지 낀 손을 무릎에 얹은 채 고개를 약간 숙이고 눈을 감은 모습으로 보아 뭔가를 간절하게 기도하고 있었다.

그리고 곧 예배가 시작되었다. 선입견인 줄은 알지만 젊은 목사가 설교단에 서게 되면 신앙심이 갑자기 사라지기도 한다. 하지만 내가 바라보고 있는 이 젊은 목사가 접이식 의자에 앉아 있는 사람들을 열정적으로 사랑하고 있다는 것은 분명했다. 사람들도 그를 간절히 원하는 눈빛으로 바라보고 있는 것이 느껴졌다. 그의 눈이 사람들의 눈과 마주칠 때마다 굉장한 뭔가가 그 안에서 빛나고 있었다.

그의 목소리는 단순한 설교자의 목소리가 아니었다. 그것은 따뜻하고 부드러웠다. 젊은 목사 필립 걸리는 앉아있는 한 사람, 한 사람을 위해 산들바람이 불어오는 창문 같은 '행복하게 숨을 내쉴 수 있는 공간' 을 만들고 있었다.

사람들은 그 곳을 '만남의 집' 이라고 불렀다. 그 곳에서 나는 20여 분 정도를 머물렀다. 그리고 이후 몇 번이나 매우 행복하게 그 곳을 기억했다.

지금 한 마디로 설명해야 한다면, 필립 걸리가 우리를 위해 마련해 줬던 그 소중한 공간을 엉성하고 생동감 없이 묘사하게 될 것만 같다. 하지만 그가 들려주는 이야기에 내가 어떤 감동을 느끼게 됐는지를 지금도 강렬하게 기억할 수 있다 — 마치 내가 오래도록 바라던 세상으로 이끌려 들어간 것 같았다. 지금처럼 혼란스럽고 바쁘게 돌아가는 세상을 살아가면서 나는 그런 곳에 가기 원하는 것은 불가능한 일이라고 믿고 있었다.

필립 걸리가 들려준 이야기들은 따뜻하고 재미있었다. 그리고 그의 이야기에 등장하는 사람들의 삶은 — 그가 알고 있던 실존 인물들 — 그가 말할 때마다 듣는 이들의 가슴 속에 생생하게 살아있게 됐다.

그의 이야기를 듣다보면 갑자기 목구멍 깊은 곳에서 뜨거운 뭔가가 올라왔다. 나는 많은 사람들이 이런 뜨겁고 강렬한 경험을 원하고 있다는 것을 알고 있다.

이 책은 헐벗은 나무 사이, 좁은 길을 따라가며 거친 숲 속의 교회로 가는 길에서 뜨거운 뭔가가 그리웠던 나와 같은 사람들, 그리고 상냥한 그의 목소리를 아직 모르고 있는 사람들을 위한 책이다.

이제, 바로 당신이 귀 기울여볼 차례다.

폴 하비 주니어

제1부

내가 알고 있던
사람들

　　　　나는 많은 아이들과 이웃해 산다. 하지만
학교가 시작되고, 그들이 타고 갈 버스를 기다리기 위해 일제히 나
와 있는 것을 보기 전까지 주위에 그렇게 많은 아이들이 살고 있는
지 몰랐다. 학교 활동이 아니라면 아이들은 집안에 틀어박혀 컴퓨
터 게임을 하기 때문이다.

　　나는 그 아이들 중 단 한 명의 이름도 알지 못하고, 그들이 자전거
를 타거나 축구나 야구를 하는 것도 본 적이 없다. 아이들이 '만남
의 집' 마당으로 찾아와 놀기를 기다려도 그런 일은 좀처럼 일어나
지 않았다.

　　항상 비어있는 마당에 야구장의 다이아몬드를 그려놓기도 했다.
아이들이 '이곳에 들어와 뛰놀아 주었으면 하는' 내 바람을 눈치채
주길 은근히 바라면서 말이다. 하지만 아이들의 발길이 닿기 전에
근처 넝쿨들이 덮어버렸고, 땅에 그려 놓았던 다이아몬드 모양은
바람에 흔적도 없이 사라졌다.

　요즘 아이들은 비디오와 컴퓨터 게임에 몰두하느라 밖으로 뛰어나가 자기만의 세상을 가져볼 수 없는 시대에 살고 있다.

　나는 그런 세대 이전에 태어난 것을 하느님께 감사한다. 우리 부모님은 텔레비전을 끄고 나를 밖으로 내보내셨다. 그리고 그 곳에서 나는 하비 부인과 의사인 깁스 아저씨, 그리고 웰티 씨와 같은 분들을 만났다. 그들을 알아가는 것이 내겐 교육이었다.

　사람들은 종종 내게 언제, 그리고 어디서 목사가 될 준비를 하기 시작했느냐고 묻는다. 그럴 때면 난 열 살 때 의사인 깁스 아저씨가 신문지를 접어 묘목을 때리고 있던 안마당에서였다고 대답한다.

　여기에는 깁스 아저씨와의 경험과, 내가 알고 있던 다른 사람들의 이야기가 담겨 있다. 내가 그 좋은 사람들을 알아가면서 그랬듯이 당신도 이 책을 통해 그들을 만나는 축복을 받았으면 한다.

1. 뿌리를 키운다는 것

내가 한창 자랄 나이 때부터 의사인 깁스 아저씨와는 오랜 이웃이었다. 그는 내가 그 때까지 봐온 다른 의사와는 확실히 다르게 보이는 사람이었다. 마주칠 때마다 아저씨는 청 작업복에 밀짚모자 차림이었다. 오래되어 많이 낡은 모자 챙 앞에는 언제나 녹색의 플라스틱 선글라스가 있었다.

그는 항상 많이 웃었고, 그 웃음은 낡은 모자와 아주 잘 어울렸다. 자신의 집 마당에서 놀고 있는 우리에게 단 한 번도 고함을 친 적이 없었던 사람이 깁스 아저씨다. 자신을 둘러싼 환경이 아무리 나빴어도 그는 누구에게나 친절하고 좋았던 사람이었다.

깁스 아저씨는 병원 일을 하고 있지 않을 때면 나무를 심었다. 그의 집은 10에이커(40,468㎡) 위에 지어진 것이었는데, 아저씨는 궁극적인 인생의 목표가 그 땅들을 나무로 채워 울창한 숲을 만드는 것이라고 했다.

좋은 의사라면 나름대로 식물 재배에 관한 이론들을 갖고 있게 마련인데, 그는 '고통 없이는 아무 것도 얻을 수 없다'는 지론을 갖고 있었다. 그래서 깁스 아저씨는 나무를 새로 심은 다음에도 결코 물을 주지 않았다. 그건 우리가 상식적으로 알고 있는 원예학 지식과는 완전히 배치되는 행동이었다.

언젠가 깁스 아저씨에게 나무에 물을 주지 않는 이유를 물어봤다. 그는 정기적으로 물을 주는 것은 식물을 망치는 길이라고 했다. 만일 물을 열심히 챙겨준다면 나무들은 시간이 흐를수록 점점 약해져 갈 거라고 말했다. 게다가 나무를 둘러싼 환경을 일부러 거칠고 힘들게 조성해 놓고 험하게 다루면서 약해 빠진 나무들은 일찌감치 추려내야 한다고 강조했다.

깁스 아저씨는 나무에 물을 잘 주는 것이 왜 약한 나무와 얕은 뿌리를 만드는지 이야기했다. 그리고 물을 제대로 주지 않았던 나무들이 필요한 물기를 찾으려 어떻게 뿌리를 깊이 내려가는지 설명해 줬다.

깁스 아저씨는 땅 속 깊이 내린 뿌리를 중요하게 여기는 사람이었다. 그는 절대 나무에 물을 주지 않았다. 매일 아침 물을 주는 대신 그는 둘둘 말아 막대기처럼 만든 신문지로 나무들을 세게 치곤 했다.

"찰싹! 팍! 픽!"

그는 그렇게 하는 것이 나무의 주의력을 환기시킬 수 있다고 말했다.

깁스 아저씨는 내가 고향마을을 떠난 얼마 뒤 세상을 떠나셨다. 하지만 이따금 그의 집을 지날 때면 그가 25년 전에 심었던 나무들을 변함없이 보게 된다.

나무들은 화강암처럼 단단하고 크며 튼튼해 보인다. 깁스 아저씨 특유의 방법으로 길러진 나무들은 아침 일찍 일어나 깁스 아저씨가 일깨워줬던 가슴의 활력으로 자신들이 흡수해야 할 물기를 찾아 나섰을 것이다.

나는 몇 년 전에 서너 그루의 나무를 심었다. 꽤 나기 힘든 여름이었기 때문에 물을 길어 나르고 농약도 뿌려주며 나무가 잘 자라길 기도했다. 2년에 걸친 극진한 보살핌의 결과로 만들어진 것은 옆에서 보살펴주지 않으면 안 되는 나약한 나무들이었다. 차가운 바람이 불어올 때마다 나무들은 벌벌 떨며 가지를 흔들어댔다. 한 마디로 표현하면 '겁 많고 나약한' 나무였다.

깁스 아저씨의 나무들을 통해 알게 된 점은 아저씨가 일부러 만들었던 역경이나 결핍 환경이 나무들에겐 오히려 좋은 쪽으로 작용했다는 것이었다. 그렇게 길러진 나무들에는 규칙적으로 물을 주며 편안한 환경에서 길러진 나무들에서는 도저히 볼 수 없는 장점들이 있었다. 그런 나무들은 폭풍이 불어오건 폭설이 내리건 같은 자리에서 언제나 굳건하게 서 있었다.

매일 밤 잠들기 전, 나는 내 두 아이들을 보러 간다. 아이들 방에 서서 그들의 작은 몸을 보며 아이들 인생의 흥망성쇠를 그려본다. 그리고 아이들을 위해 기도한다.

대체로 지금까지 기도의 내용은 앞으로 아이들의 인생이 편안하길 바라는 내용이었다.

"하느님, 그들을 역경에서 벗어날 수 있도록 구해 주소서…"

하지만 최근에 와서, 나는 내가 하는 기도의 내용에 대해 고민하게 됐다. 인생 절정의 순간에도 불가피하게 차가운 바람을 맞닥뜨려야 할지도 모른다. 나 역시 내 아이들이 언젠가는 고난과 맞닥뜨려야 함을 안다. 그리고 그런 때가 올지라도 아이들이 온실 속의 화초들처럼 나약하게 무너지지 않았으면 좋겠다. 차갑고 거센 바람은 언제 어디에서나 예고 없이 불어올 수 있다.

그래서 최근 나는 저녁 기도의 내용을 바꾸고 있는 중이다. 왜냐하면 우리가 원하든 원하지 않든 인생살이는 거칠 수밖에 없기 때문이다.

나는 아이들의 뿌리가 깊이 자라주길 기도한다. 깁스 아저씨의 나무가 거친 환경에서 오히려 저 깊은 곳의 물을 찾아 뻗어나가 튼튼하고 강건한 뿌리를 내렸듯 말이다. 나는 이제 아이들이 고난과 역경 속에서 오히려 영원한 하느님의 힘을 얻기 위해 더 단단하게 뿌리를 뻗어 나가기를 기도한다.

너무나 많은 시간, 우리는 일상의 편안함을 위해 기도하지만 그것은 별로 좋은 기도 같지는 않다. 우리가 필요로 하는 일은 영원까지 다다를 수 있는 자신의 깊은 뿌리를 위해 기도하는 것이다. 그렇게 한다면 언제 어디서 얼마나 많은 비가 내리고 바람이 불어온다 할지라도 갑작스럽게 휩쓸려 내려가는 일은 겪지 않아도 될 것이다.

2. 나의 첫 번째 교실

내가 4학년이 됐을 때, 누군가 신문 배달을 해보지 않겠느냐고 했다. 신문 배달은 그다지 많은 용돈을 벌 수 있는 일은 아니었다. 하지만 책임 있는 규칙적인 일을 갖는다는 것은 4학년이 되는 아이가 갖춰 가야 할 중요한 덕목이기도 했기 때문에, 나는 신문 배달일을 맡기로 했다.

내 고객 중의 한 사람은 스탠리 부인이었다. 그녀는 남편을 잃은 미망인이었고, 나는 신문을 그 집 앞마당까지 갖다 놓으며 어슬렁대곤 했다.

스탠리 부인은 내가 자신의 집 어디까지 들어오는지 가만히 지켜보고 있었다. 그리고 언제부터인가 자전거 페달을 밟아 스탠리 부인의 집 근처에 올 때쯤이면 적당히 차가운 콜라 병이 나를 기다리고 있었다.

나는 자전거에서 내려 콜라 병이 놓여 있던 곳에 앉아 콜라를 마셨고, 스탠리 부인은 그 동안 내 옆에 앉아 이야기를 했다. 그게 우리 사이에 지켜졌던 대화의 규칙이었던 셈이다. ― 나는 마셨고, 부인은 이야기했다.

스탠리 부인은 주로 자신의 죽은 남편인 로저에 대해 이야기했다.

"로저와 내가 오늘 아침 저 건너에 있는 잡화점에 다녀왔단다."

그녀의 이야기를 처음 들었을 때는 마시던 콜라가 코까지 올라왔었다. 콜라가 코까지 올라오면 어떤 느낌이 드는지 경험해본 사람은 알 것이다.

집으로 돌아와 아버지께 스탠리 부인에 대해 얘기하면서 그녀가 남편이 살아있는 것처럼 이야기한다고 말씀드렸다. 아버지는 스탠리 부인이 너무 외로워서 그럴 거라고 말씀하셨다. 그리고 내게 그저 그녀 옆에 앉아 고개를 끄덕이고 웃으면서 그녀의 이야기를 들어주라고 하셨다.

어쩌면 스탠리 부인의 '생각을 조절하는 시스템'에 잠시 문제가 생긴 것인지도 몰랐다. 나는 아버지가 말씀하신 대로 실천했다.

아버지의 말씀은 옳았다. 외로움을 견뎌낸 그녀는 몇 번의 여름을 보내고 난 뒤에 마을 남쪽 공동묘지에 묻힌 남편을 찾아가며 비로소 이 세상에서 남편을 떠나보내기 시작했다.

요즘 같았다면 우리는 스탠리 부인을 정신병원에 보냈을 것이다.

하지만 당시 그녀에게는 앞마당의 흔들의자와 그녀의 이야기를 들어줄 신문 배달 소년이 곁에 있는 것만으로도 모든 것이 충분했다. 나는 그녀가 다 나아졌다고 생각한 다음 신문 배달을 그만뒀다.

새로운 아르바이트는 '잔디 깎기'로, 신문 배달에 비해 훨씬 많은 돈을 벌 수 있는 일이었다. 그리고 얼마간 스탠리 부인을 만날 수 없었다.

그 뒤 우리는 교회의 자선모금 디너파티에서 다시 만났다. 그녀는 와인 테이블 뒤에 서서 으깬 감자를 스푼으로 떠 사람들에게 나눠주고 있었다. 그런 그녀의 모습이 얼마나 빛나고 있었는지 모른다.

4년 전만 해도 그녀는 자신의 이야기를 들어줄 누군가가 절실하게 필요해 신문 배달 소년에게 매번 콜라를 뇌물로 줘야만 했었다. 하지만 지금 그녀에게는 너무나 많은 친구들이 있다. 스탠리 부인의 남편은 이 세상에 없지만 삶은 계속되고 있었다. 그녀는 자신을 필요로 하는 공동체 안에 있었으며, 그녀의 삶은 사랑으로 다시 태어나고 있었다.

서로를 이해하고 상처를 어루만져줄 수 있는 공동체는 아름다운 것이다. 때로 그런 모임은 사람들을 고통의 기억과 상처로부터 구원해줄 뿐더러 우리가 혼자 힘으로 극복하고 해낼 수 있었던 것보다 우리 자신을 훨씬 더 좋은 사람으로 만들어준다.

나는 지금 도시에 살고 있다. 우리 집 앞 베란다는 넓은 판자처럼 생긴 콘크리트로 만들어졌다. 우리 집에 신문을 배달해주는 '에드나'는 세 아이의 엄마로 12년 된 혼다 오토바이를 몰고 다닌다. 그녀는 매일 내게 '오늘 어떠세요?' 하며 안부를 건넨다. 내가 '좋아요'라고 대답하지 않으면 에드나는 내가 왜 기분이 별로인지 알고 싶어 하면서 우리 집 베란다를 금방 떠나지 않는다.

에드나는 때로 내가 무슨 문제라도 생긴 것처럼 행동하면 자신에게 무슨 말이라도 털어놓지나 않을까 기다리며 신문을 건네고도 우물쭈물 한다. 그녀는 태어나면서부터 지금까지 줄곧 도시에서 자랐지만 진정한 의미의 공동체가 어떤 것인지 잘 알고 있는 사람인 것이다.

공동체라는 것은 특별한 지역에 국한해서 생성되고 없어지는 것이 아니라 서로의 마음속에서부터 생기기 시작하는 것 같다. 당신이 도시에 있건 산골에 있건 주위에는 기분이 어떤지, 무슨 일이 없는지 안부를 물어주는 사람이 한 사람이라도 있을 것이다. 그 누구도 아무 생각 없이 구태여 안부를 묻는 수고를 하지 않는다. 그건 사람들이 당신에게 관심이 있고, 도움이 필요한지 궁금하기 때문이다.

2천 년 전, 베드로의 이름을 딴 한 오래된 교회에서는 좋은 공동체를 만들기 위한 비결을 남겼다. 이건 베드로가 남긴 말이다.

"무엇보다도 뜨겁게 서로 사랑할지니 사랑은 허다한 죄를 덮느니라."

이 말의 의미를 잘 이해하기 위해서는 당신이 누군가와 사랑에 빠졌을 때를 떠올려보면 쉬울 것이다. 종종 사랑에 눈 먼 사람들에게는 상대의 모든 치명적인 결점마저도 보이지 않게 마련이다.

아버지가 스탠리 부인에 대해 내게 들려주신 것도 그와 같은 종류의 말씀이셨다. 그녀에 대한 관심을 지키는 일이었다. 때로는 곁에서 그저 고개를 끄덕이고 웃어주는 것만으로도 사람들은 큰 힘을 얻는다.

정신과의사들은 이것을 '심리치료'라고 부른다. 하지만 예전 내가 신문 배달을 하던 시절에는 이런 것을 누군가에 대한 관심과 공감이라고 불렀던 것 같다.

3. 나무가 쓰러질 때

신문 배달을 시작했을 때 내 고객 중의 또 한 사람은 하비 부인이었다. 날씨가 허락하는 때면 그녀는 앞 베란다에 있는 그네에 앉아 신문이 오기를 기다렸다가 나와 이야기를 나누곤 했다. 나는 뒤에서 부인이 앉아 있는 그네를 힘껏 당겼다가 부인 옆에 함께 타기도 하면서 시간을 보냈다. 우리는 그네가 왔다 갔다 하며 흔들리는 동안 앉아 있거나 베란다 앞으로 길게 그림자를 드리우고 있는 커다란 단풍나무 밑의 그늘을 찾아가 이야기를 나누기도 했다.

어느 날엔가 하비 부인은 내게 그녀의 정원을 돌보는 일을 해보지 않겠느냐고 물어왔다. 그녀의 정원은 굉장히 컸는데, 지금 생각하면 2에이커(8,093.6㎡)정도 됐던 것 같다. 하비 부인이 내게 그 일을 제안한 것은 넓은 마당에 깔린 잔디를 관리할 사람이 필요했기 때문이었다.

잔디 깎는 기계는 다루기도 힘들고 작동시키기도 굉장히 힘들었는데, 마침 하비 부인은 손으로 작동시키는 기구를 써서 잔디를 정리하기를 원했다. 나는 잔디 깎는 기계를 갖고 있지 않았기 때문에 그건 정말 잘된 일이었다. 난 하비 부인의 제의를 금방 받아들여 일을 시작했다.

나는 신문 배달 일을 끝내고 매일 오후 부인의 집에 들러 구획을 나눠 잔디를 깎았다. 일요일은 쉬는 날이었다. 하비 부인이 교회에 나가는 사람이기도 했고, 하느님께서도 일요일에는 쉬실 텐데 구태여 내가 일요일까지 열심히 일을 할 필요는 없다고 생각했다.

하비 부인의 집에서 그렇게 잔디를 깎은 지 4년이 되던 해에 나는 부인 집의 앞 베란다 쪽에 있는 단풍나무가 죽었다는 걸 발견했다.

그 단풍나무는 아주 오래된 것이었다. 하비 부인과 하비 씨는 그들이 결혼하던 해에 그 집으로 이사 왔고, 그 때 이 나무가 심어졌으니 30년은 족히 넘는 나무였다. 하비 씨는 나무를 심으면서 "20년쯤 후엔 우리가 이 나무를 심었다는 것을 아주 감사하게 될 거야"라고 말했었다고 한다. 그리고 20년 뒤, 정말 그들은 그 나무를 심었다는 사실에 감사했다. 천둥 번개가 치면서 집안으로 들이쳤을 충격을 나무가 모두 흡수해줬던 것이다.

30년이 흐른 뒤, 하비 씨는 죽고 나무는 여전히 그 자리를 지키고 있었다.

내가 나무가 죽은 것 같다고 하비 부인에게 이야기하자, 그녀는 오랫동안 나무에 시선을 고정한 채 하비 씨가 그 나무를 심을 때 어떤 옷을 입고 있었는지 아직 기억하고 있다고 말했다. 그렇게 멍하니 서 있던 하비 부인이 집안으로 들어가 케니 아저씨에게 전화를 걸었다. 케니 아저씨는 우리 마을에서 나무를 잘 자르는 것으로 유명한 사람이었다.

케니 아저씨는 다음 날 트럭을 끌고 와 곧장 자신이 해야 할 일에 돌입했다. 그는 매일 매일 다른 나무를 잘랐다. 하비 부인은 오래된 이웃과 함께 그녀 앞마당 그네에 앉아 단풍나무가 잘려지는 것을 보고 있었다. 그 이웃은 하비 부인을 위로해주기 위해 기꺼이 시간을 내준 사람이었다.

따뜻한 위로가 있었지만 날카로운 톱날이 나뭇결 속으로 들어가자 하비 부인은 흠칫 놀라면서 몸을 떨었다. 이웃은 하비 부인 곁에 앉아 손을 꼭 잡아주며 20년 전 여름, 단풍나무와 안마당에서 일어났던 일에 대해 그녀가 꿈꾸듯 이야기하는 것을 조용히 들어주었다.

나는 성경의 〈욥기〉에 대해서만 이해하는데 한 학기 전부를 보냈었다. 하지만 하비 부인의 관점에서 욥기를 읽고 이해하기 전까지, 내가 이해한 것이 다가 아니라는 것을 알았다.

욥은 모든 것을 가진 사람이었다. 하지만 욥은 자신이 가진 모든 것을 잃게 됐다. 하인은 살해됐으며, 갖고 있던 재산은 모두 강탈당했다. 건강도 잃었고 아들과 딸, 그리고 그의 무릎에 앉아 재롱을 부리던 손자와 손녀 모두가 죽었다. 욥은 말 그대로 잿더미 속에 홀로 남겨졌다. 욥은 그 잿더미 속에 묻혀 환하게 펼쳐질 것만 같던, 하지만 그렇게 되지 않았던 자신의 인생을 한탄하며 울어야 했다.

하지만 하느님은 욥을 위한 다른 길을 열어 보여주시고 까맣게 타 버렸다고 생각하는 인생의 한가운데서 항상 그의 옆에 있어 주셨다. 가장 미숙하고 연약한 존재, 거대한 우주 속의 한없이 작은 존재가 됐을 때 비로소 하느님은 우리의 비밀스러운 고통까지 알고 어루만져 주신다.

내가 대학에 다닐 때 철학 수업에 들어왔던 교수는 한 주 전체를 '사랑' 이라는 주제를 위해 할애했다. 하지만 나는 내 앞에서 30년 된 나무가 쓰러지는 것을 목격하던, 오랫동안 추억과 사랑을 간직해왔던 한 여자를 보고 나서야 사랑에 대한 개념을 명확히 알게 된 것 같다. 사랑했던 이에 대한 추억을 나누는 것만으로도 행복해 할 수 있는 누군가를 알게 됐으니 말이다.

4. 기대

어느 가을날 아침, 이웃에 갔다가 돌아와 보니 레이 아저씨가 아버지의 자동차를 빌리기 위해 집에 와 계셨다. 아버지는 마을 위원회에서 일하는 동안 마을 하수구에 관련된 일을 하는 레이 아저씨를 만났고, 그러면서 서로 친구가 됐다.

그 일이 무슨 일이든 확실하게 마무리 지어졌는지를 알려면 레이 아저씨에게 물어보면 된다. 다락 안으로 숨어든 너구리를 밖으로 내쫓는 일부터 노다지버섯이 어디쯤에 있을 것인지 감을 잡는 일이나, 장마가 시작될 즈음에 캠프파이어를 하는 일까지도 그는 놀랍도록 많은 것을 알고 있었다.

레이 아저씨가 배움에 대한 열정이 부족했던 것은 절대 아니었다. 단지 레이 아저씨는 자신의 지식과 지혜가 단순히 학교 교육 안에서 완성되도록 내버려두지 않고 생활 속에 뛰어들어 자신만의 방식으로 공부를 했던 사람이었다. 그리고 그의 관심은 모든 방면으로 뻗어 있었다.

한 분야에 대한 전문가들이 넘쳐나는 세상이지만 레이 아저씨는 뭐든 알고 있는 만물박사였다. 그래서 나는 항상 그의 말이라면 귀 기울여 듣게 됐다. 요즘의 문제라면 많은 사람들이 한두 가지에 대해서는 너무나 많은 것을 알고 있으면서도 그것이 다양한 분야에 걸쳐 있는 것이라면 결과적으로는 알고 있는 것이 거의 없게 된다는 것이다.

레이 아저씨는 고등학교를 졸업하고 나서 마을 위원회에서 일을 시작했다. 대학 진학은 레이 아저씨가 꿈꿀 수 없는 사치였다. 대학에 들어가기 위해서는 등록금이 필요했지만 레이 아저씨는 무일푼이었다. 대학에 진학하는 대신 그는 고등학교 때 만난 자신의 첫사랑과 결혼했다.

그들은 마을에서 조금 떨어진 곳의 작은 집에서 신혼생활을 시작했다. 그리고 그가 자라왔던 패턴과 비슷한 방향으로 결혼 생활을 계속해 갔다. 그들은 열심히 일을 했고, 아이를 낳아 기르면서 은퇴할 때쯤에는 사회보장제도로 인해 여전히 빈곤한 자신들 삶의 수고가 덜어지기를 하느님께 기도했다. 때로는 마을 의사의 아이들이 가진 것과 똑같은 것을 자신의 아이들에게 갖게 해주지 못해 깊은 밤까지 잠들지 못하고 깨어 있었다.

레이 아저씨 부부의 딸은 진학하는 학교마다 유명세를 탔다. 그녀는 지금까지 모든 과목에서 A를 받았다. 언제나 완벽한 스트레이트 A를 기록했다. 학교 선생님들은 그가 가난하고 못 배운 레이 아저씨의 딸이라는 것에 놀랐다.

레이 아저씨의 딸은 학년 내내 최고였다. 당연히 졸업생 대표 연설도 마을의 의사 딸들을 물리치고 그녀의 차지가 됐다. 하지만 하버드 대학의 입학식 홀이 하수공의 딸들로만 채워지리란 법도 없었다. 그녀는 가장 가고 싶어 했고, 당연히 갈 수 있을 줄 알았던 학교에 진학하지 못했다.

하지만 그녀는 상황을 담담히 받아들이고 자신의 미래에 대한 방향을 보다 명확히 세웠다. 그 뒤 선택한 것이 오하이오에 있는 한 대학이었다. 그 학교는 그녀의 진취성과 명민함을 높이 사서 전액 장학금과 생활비까지 지급하겠다고 제의했다. 정신과의사가 되겠다는 레이 아저씨 딸의 꿈은 한 발 더 구체적으로 가까워졌다.

하나 뿐인 딸이 오하이오로 가고 난 뒤, 레이 아저씨에겐 한 달에 한 번 멀리 떨어져 있는 딸을 보러 가기 위해 트럭 가득 마을의 오물을 줍고 다니던 자신의 차가 아닌 다른 차가 필요했다. 그것이 레이 아저씨가 한 달에 한 번 아버지에게 차를 빌리러 오는 이유였다.

너무나 많은 사람들이 레이 아저씨의 딸에게 관심을 갖고 있었다. 마을 사람들은 길에서 레이 아저씨를 만나면 딸이 잘 지내고 있는지 꼭 안부를 물었다. 오하이오로 떠날 때 그녀는 자신을 향한 사람들의 넘치는 기대를 한 몸에 짊어지고 갔다. 만일 그녀가 인생에서 실패한다면 마을 전체가 살아갈 힘을 잃는 것이나 마찬가지일

정도였다.

모든 이들이 그녀 인생의 성공을 응원
했다. 어떤 사람들은 주위의 큰 기대가
버거워 그로 인해 주저앉거나 발을 헛디딜 수도 있
을 것이다. 하지만 그녀는 주위의 기대를 스트레스로 생각하거나
부담으로 느끼지 않았다. 사람들을 힘들게 할 수도 있는 그런 요소
들이 그녀에게는 삶의 원동력이 되는 것 같았다.

내가 이 자리에서 단언할 수 있는 것은 10년쯤 지나면 그녀가 부
유한 집안 자녀들의 생각과 마음을 치유하면서 치료 기간 동안 몇
백 만원을 청구해도 괜찮을 만큼 유능한 의사가 되어 있을 거란 사
실이다. 아마도 치료를 받으러 온 아이들은 그들의 부모가 자신들
에게 얼마나 큰 기대를 갖고 있는지 이야기하며 그녀에게 고민을
털어놓을 것이다. 그러면 그녀는 그들이 이 세상에 존재하고 있는
의미를 찾을 수 있도록, 그들의 삶이 올바른 방향으로 나아갈 수 있
도록 자신의 이야기를 들려줄 것이다. 의학적인 설명과 치료도 곁
들여질 것이고, 그녀 특유의 섬세함도 같이 발휘될 것이다.

그녀는 자신이 가진 가난 때문에 보통 사람들이 전 생애에 걸쳐
느낄 인생의 부조리와 모순을 어린 나이에 경험해 봤을지도 모른
다. 그런 사람이 받는 '기대' 란 결코 앞으로의 삶에 대한 부담이 될
수 없다. 명백히 그것은 '축복' 일 것이다. 그리고 누군가에겐 희망
이 될 것이다.

사람들이 당신에게 많은 기대를 건다는 것은 아름다운 일이다.

사람들은 기대를 받고 있는 누군가의 자신감이 어디에서 나오고 있는지 이미 알고 있다. 그것은 마치 세례 요한이 태어났을 때 그의 아버지가 자신의 아들이 앞으로 할 일들을 아름다운 노래로 들려줬던 것과 같은 것이다. 세례 요한은 사람들의 기대 속에 많은 일들을 해냈다

세례 요한이 태어나자 이웃과 친척들은 하느님이 요한을 크게 은혜롭게 여기신 것을 알고 함께 즐거워했다. 그 기쁨은 그의 아버지 엘리사벳 개인이나 가족에게 한정되지 않고 그 사실을 알게 된 사람들 모두의 기쁨으로 옮아갔다.

벅차고 놀라운 한 사람의 인생은 그렇게 많은 사람들의 간절한 기대 속에서 시작되기 마련이다. 그리고 희망과 꿈의 이름으로 그들 인생의 목적은 실현된다. 레이 아저씨의 딸처럼 말이다.

5. 포스터 할아버지

언젠가 한 번, 뉴욕에 있는 친구를 찾아간 일이 있다. 우리 둘은 유명한 관광지를 둘러보면서 차를 타고 시내를 누비고 다녔다. 그 곳에 있는 동안 나는 남부럽지 않은 시간을 보내면서 뉴욕이 비록 살고 싶지는 않아도 분명히 멋진 곳이라고 생각했다.

그 때 겪었던 가장 인상적인 일은 어느 날 저녁, 친구의 아파트에서 일어났다. 친구의 아내는 친구에게 쓰레기를 버려달라고 부탁했다. 친구와 같이 가자니 나도 쓰레기봉투를 함께 들고 있는 것이 자연스러울 것 같아 몇 봉지 드는 것을 거들었다. 물론 그런 일은 전혀 내키지 않는 일이었지만 그 때로서는 얌전하게 친구와 그렇게 함께 할 수밖에 없었다.

친구는 복도 끝으로 쓰레기봉투들을 들고 갔다. 그리고 작은 문을 열더니 쓰레기들을 그 안으로 던져 넣었다. 뭔가 혹 떨어지는 소리가 났고, 쓰레기봉투는 순식간에 눈앞에서 사라졌다. 그것으로 쓰레기 처리는 끝이었다. 친구는 진공 청소 시스템이 어떻게 쓰레기들을 빨아들여 모든 처리가 끝나는지 설명해 줬다. 놀라운 일이었다.

내가 덴빌에서 자라던 때, 우리 마을의 쓰레기 처리 시스템은 그렇게 빠르지는 못해도 믿을 만한 것이었다. 포스터 할아버지 덕분이었다.

포스터 할아버지는 한 주에 1달러를 받고 마을 곳곳을 트럭으로 누비며 쓰레기들을 싣고 사라지곤 했다. 만일 마을 사람 중 누군가가 쓰레기를 밖에 내다 놓는 것을 깜박 잊는 날이면 할아버지는 가던 길을 되돌아와 트럭에서 내려 그 집의 헛간으로 들어가 직접 쓰레기들을 추려냈다.

더 이상 쓰레기를 실을 수 없을 정도로 트럭이 짐으로 꽉 채워지면 할아버지는 트럭을 몰고 마을을 벗어나 그 많은 쓰레기들을 처리했다. 쓰레기들을 내려놓으면서 그의 손가락도 젖기 일쑤였지만 그는 불어오는 바람에 자신의 손을 맡기면 그만이었다.

포스터 할아버지는 흑인이었다. 그것도 우리 마을에서 유일한 흑인이었다. 그는 기찻길 건너에 있는 목재 저장소 근처 남쪽에 혼자 살았다. 피부색을 근거로 그가 어디에 살고 있는지를 짐작한다는 것은 설사 그 추측이 맞아 떨어진다 하더라도 기분이 썩 좋은 일은 아니다. 하지만 차이는 곧잘 보이지 않는 차별로 이어지고 있었고,

우리는 피부색으로 많은 사람들 가운데서도 그를 단번에 알아볼 수 있었다.

포스터 할아버지를 위해 마을 사람들은 뭔가를 해주고 싶어 했다. 마침내 할아버지의 70세 생일날, 우리는 마을 청사의 원형 홀에서 깜짝 파티를 열었다. 한 사람을 위해 마을 사람들이 한데 뭉쳐 그런 큰 파티를 열었던 일은 그 때가 처음이었고, 적어도 내 기억에는 지금까지도 없다. 언제인가 레이건 대통령이 마을을 방문했을 때 우리가 자체적으로 축하 파티를 열었던 일을 제외한다면 말이다.

개인적인 생각이지만 포스터 할아버지는 역대 대통령들이 우리 마을을 위해 해줬던 모든 것보다 더 많은 일을 하셨던 분이다. 1930년대 대공황이 나라 전체를 짓누르고 있을 때 우리 마을에는 작은 교육대학이 있었다. 할아버지는 가난 때문에 학업을 그만둬야 할 예비 선생님들을 걱정하셨다. 그래서 그 동안 푼푼이 모아온 돈을 할아버지는 어려운 대학생들의 등록금에 보태곤 하셨다. 작은 우리 마을의 학교에 젊고 능력 있는 선생님들이 모여들었던 이유가 바로 여기에 있었던 것 같다.

더러운 쓰레기 처리를 도맡아 하고, 모두에게 친구가 되어주는 것과 더불어 포스터 할아버지는 누구에게든, 그리고 무슨 일이든 도움이 되는 분이셨다. 떨어진 낙엽들을 쓸어내는 일부터 잔디를 깎는 일까지 그의 손을 거치지 않는 일이 없을 정도였다. 할아버지의 트럭은 다양한 크기와 모양의 갈퀴와 빗자루들로 꽉 채워져 있었다.

다른 마을 사람들이 우리 마을이 너무나 깨끗하고 아름답다며 칭찬을 할 때면 우리는 모두 우리가 부지런히 빗질하고 다니는 것처럼 어깨를 으쓱하며 우쭐해지곤 했었다. 포스터 할아버지는 선하고 좋은 사람이 세상에 태어나 할 수 있는 모든 일을 하시던 분이었다. 그리고 그 일들은 나를 포함한 마을 사람 모두를 실제의 우리 모습보다 더 좋고 괜찮은 사람으로 만들어줬다.

포스터 할아버지는 1989년 겨울에 돌아가셨다. 할아버지의 장례식이 있던 날은 눈이 내렸고, 그래서였는지 할아버지에게 마땅히 존경과 애도를 보여야 할 많은 사람들이 그 자리에 오지 않았다. 장례식에 참석했던 아버지는 그 정도의 눈이 내린다고 해서 할아버지와 이별하는 자리에 오지 않은 많은 사람들 때문에 너무나 안타깝고 슬프다고 하셨다.

사정과 핑계라는 것은 어떤 상황에서든 있을 수 있지만 노력하는 만큼, 또 마음먹는 만큼 없앨 수도 있는 것일 때도 많다. 우리 교회 '만남의 집' 뒷벽에는 정신적인 가치들을 추구하는 결과가 어떤 것인지를 나열한 현수막이 걸려 있다. 사랑, 기쁨, 평화, 인내, 친절, 정직, 온유, 그리고 절제력. 그런 가치들이 어떤 것인지 가만히 생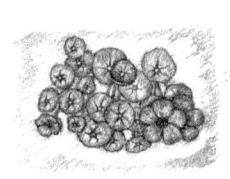각해볼 때마다 나의 마음속에는 쓰레기를 줍고 낙엽들을 쓸어 담으며 삶의 존엄을 발견해 나갔던 한 사람이 떠오른다. 그리고 그것이 포스터 할아버지의 기억이 내게 주고 있는 선물이다.

나는 뉴욕의 친구에게 할아버지에 대한 이런 기억을 이야기하지는 않았다. 나는 그에게 진공 쓰레기 시스템이 얼마나 놀라운지 말했고, 그런 시스템을 이용할 수 있는 친구는 정말 운이 좋다고 말했다. 비록 더 많은 축복을 받은 사람이 나라는 사실을 알고 있었지만 말이다.

6. 신문 배달

만일 여러분이 사람과 인생에 대해 배우기를 원한다면 대학에 들어가 심리학 같은 학문을 공부해도 좋을 것이다. 하지만 당장 그럴 상황이 아니라면 나는 신문 배달하기를 강력 추천한다.

내가 4학년 때부터 시작한 신문 배달의 목적은 1차적으로는 용돈을 버는 데 있었다. 하지만 막상 신문 배달을 시작하고 보니 겨우 26명만이 내 고객이었다. 돈벌이로는 그저 그랬던 셈이다. 반면 내 친구 에디는 80명이 넘는 고객을 갖고 있었다. 그는 내 3배의 수입을 올렸다. 하지만 그가 늘 더 많은 수입이 필요했던 이유는 내기 당구를 할 돈이 필요했기 때문이었다.

적은 수의 고객을 갖고 있는 것이 나쁜 것만은 아니었다. 덕분에 나는 각 고객별로 그들 각각의 다양한 특징들을 자세히 알 수 있었다.

윌러드 씨는 신문을 앞 베란다 의자 위에 있는 벽돌 밑에 두고 가는 것을 좋아했다. 그렇게 하면 바람이 불어도 신문이 다른 곳으로 날아가거나 낱장으로 흩어지는 일이 없기 때문이다. 그는 신문이 도착하기 전에 나가 밤늦게 귀가하는 편이었는데, 어두운 밤에 돌아와 자신의 집으로 배달된 신문을 찾아다니느라 차들 사이를 비집고 다니며 신문과 추격전을 벌이고 싶지 않다고 말했다.

변호사였던 반 다이버 씨는 내가 자신의 비서인 딜로우 양에게 신문을 직접 전해주는 것을 좋아했다. 딜로우 양은 매우 친절하고 예뻤지만 내가 그런 걸 신경 썼다거나 의식했다는 건 물론 아니다. 몇 년이 더 흘러 내가 여자들과 데이트를 시작할 나이가 됐을 때 나는 그들 모두를 어린 시절 내가 마주쳤던 딜로우 양과 비교해 보곤 했었다. 하지만 그 누구도 딜로우 양이 가졌던 매력을 갖고 있지 않았고, 그래서 나는 늘 실망에 빠지곤 했었다.

카터 부인은 매우 굼뜬 두 명의 아이를 가진 미망인이었다. 그녀는 커피숍에서 웨이트리스로 일하고 있었고, 생활비를 버느라 하루 종일 열심히 일했다. 하지만 형편은 늘 빠듯해서 신문대금을 치르기도 어려운 처지였다. 어느 날엔가 내가 신문대금을 받으러 갔을 때는 그녀가 4달러가 넘는 신문대금을 연체한 채 멀리 이사를 가버린 후였다. 내가 한 주에 벌 수 있는 돈이 8달러가 채 안 되던 때였다. 어딘가에 지불해야 할 돈을 내지 않는다면 다른 누군가가 반드시 그 대가를 치르느라 고생을 하게 된다는 것을 나는 그 때 알게 됐다.

블레이크 씨는 내가 신문 배달을 가는 사람들 중에서도 가장 가난한 사람 축에 속했다. 하지만 블레이크 씨 가족들은 언제나 친절하고 너그러웠다. 그리고 종종 과하다 싶을 정도로 팁을 건넸다. ─ 15센트를 조금 넘을 때가 대부분이었다. 그들 또한 사람들이 건네는 팁으로 수입의 양이 크게 변하는 직업을 갖고 있어서 나와 같이 어렵게 돈을 버는 사람들에 대한 배려심이 남달랐다.

하지만 나는 팁이란 건 모조리 추방해 버리고 사람들이 월급만으로도 가족을 부양할 수 있을 만큼 국가에서 마땅히 보통 사람들의 임금을 올려줘야 한다고 생각했다. 사람들의 자비심이나 동정심처럼 변덕스러운 마음에 벌이를 의존할 수밖에 없는 직업을 갖고 가족을 부양한다는 것은 너무나 고통스러운 일이라는 것을 알고 있기 때문이다. 일주일에 40시간 이상을 일하는 사람이 한 집안의 가장이라면 그가 누구이든 아이들의 주린 배를 채우는 일을 그 날의 팁에 의존하게 해서는 안 되는 일이었다.

미나 타우 웰스 양은 내가 그녀의 집 벨을 울리고 신문을 직접 건네주는 것을 좋아했다. 벨을 울리고 그녀가 열어준 문으로 신문을 건네면 그녀는 고맙다고 한 뒤 문을 닫았다. 그리고 매년 크리스마스가 되면 팁을 후하게 줬다. 그녀는 머리를 늘 타이트하게 빗어 올린 뒤 한 묶음의 머리채를 둥글게 만들어 뒤로 말아 올렸다. 그녀는 미혼이었지만 나는 늘 멋진 차를 탄 남자가 나타나 그녀와 어디론가 떠나기도 하면서 단조롭고 조용한 그녀의 생활에 활력이 생긴다면 얼마나 좋을까 생각하곤 했었다. 나는 독신인 사람들은 기혼자들보다 오래 살지 못한다는 기사를 본 적이 있는데, 그 때 생각난 사람이 미나 타우 웰스 양이었다.

내 고객 중의 한 명은 나이가 무척 많은 남자였는데 문을 열어줄 때는 언제나 여자 옷을 입고 있었다. 하지만 그는 자신의 모습에 대한 어떤 설명도 해주지 않았다. 나도 역시 이유를 묻지 않았었다. 작은 마을이라고 평범하고 상식적으로 늘 이해가 되는 사람만 사는 것은 아니었다.

데이 씨는 대단한 흡연가여서 담배 연기로 주위가 온통 푸른빛으로 보일 때까지 자기가 갖고 있는 담배를 다 피우고야 마는 사람이었다. 그의 기침소리는 엄청나게 커서 한 블록 떨어져 사는 사람이라도 그가 언제, 몇 번 기침을 하는지 알 수 있을 정도였다.

내가 그의 집에 처음 신문 배달을 시작했을 때 그의 나이는 50살이었는데, 그는 내게 어떻게 하다가 자신이 14살 때부터 담배를 피기 시작했는지 들려줬다. 그러면서도 그렇게 했던 것이 그에게 어떤 해로움도 없었다고 누누이 강조했다. 다음 해가 되자 그는 폐기종에 걸려 산소 탱크와 입원비를 마련하기 위해 갖고 있던 그 많은 담배를 다 팔아야만 했다.

만일 내게 80명의 고객이 있었다면 나는 그들 각각의 이름도 정확히 기억할 수 없었을 것이다. 처음 신문 배달을 시작할 때 나는 '그저 씽씽 지나가면서 현관에 신문을 던져 넣으면 된다'는 조언을 들으며 자전거를 건네받았었다. 하지만 그렇게 하는 대신 나는 자전거에서 내려 내가 배달하는 신문을 구독하는 집에 들어가 그 곳에 살고 있는 사람들과 손을 잡았다. 덕분에 나는 다양하고 넓은 세상과 만날 수 있었다. 그 때의 경험은 내가 지금까지도 유지하려고 노력하는 좋은 생활 패턴들을 만들어줬다.

크고 많다고 항상 좋은 것은 아니다. 많은 돈은 큰 근심을 갖고 오기가 쉽듯이 말이다. 그리고 누군가를 직접 알아가는 것이 다른 사람들이 그들에 대한 이야기를 들려줘서 아는 것보다 훨씬 더 좋은 인간 관계법이다.

7. 사막의 시냇물

내 조카의 첫 번째 생일을 축하하기 위해 고향집에 들렀던 어느 봄날이었다. 집에서 나와 상점으로 걸어가던 중 뜰로 나오는 한 무리의 사람들을 만났다. 내가 몇 년간 못 봤던 사람들 같았다. 나는 그들 가운데서 웰티 씨를 알아볼 수 있었다.

그들은 봄부터 가을까지 자신의 정원을 화려하게 수놓아줄 꽃을 심기 위해 땅을 갈아엎고 있었다. 진달래에는 벌써 봉오리가 생겨 있었다. 나는 가만히 서서 그들을 바라봤을 뿐이었다.

그런데 갑자기 웰티 씨가 무슨 말을 하려는 듯 내가 있는 쪽으로 다가왔다. 나는 잔뜩 긴장할 수밖에 없었다. 우리는 20년 전에 원수같이 싸우고 난 뒤 다시는 안 볼 것처럼 헤어진 사이였기 때문이다.

터놓고 이야기하자면 웰티 씨는 매우 심술 맞고 비열한 사람이었다. 한 번은 자신의 뜰에 있는 잔디를 밟았다며 내게 삽을 집어던진 적도 있었다. 그 다음 날 나는 물 풍선으로 그를 공격하러 갔다. 그는 마당에서 잡초를 뽑다가 잠시 몸을 일으켰고, 그 때를 놓칠세라 나는 웰티 씨에게로 돌진해 몸 한가운데를 떡 하니 잡고 물 풍선을 날렸다.

"퍽!"

웰티 씨는 그 자리에서 경찰을 불렀다. 경찰관 찰리 모어 락이 우리 앞으로 와서는 내가 웰티 씨에게 한 일을 모두 수첩에 받아 적었다. 나는 풀이 죽어 집으로 돌아왔다.

그리고 얼마 뒤, 찰리 모어 락이 우리 집 앞마당에 있는 나를 발견하곤 순찰차에서 내렸다. 손을 바지 옆에 차고 있는 권총 위에 올린 채 천천히 내게 다가 왔다. 가까이 다가선 그는 내 어깨 위에 손을 얹더니 내 눈을 가만히 들여다봤다. 그리고 한 마디를 남겼다.

"잘 했다!"

그 역시 웰티 씨를 좋아하지 않고 있었던 것이다.

그 날 이후로 나는 웰티 씨를 만난 적이 한 번도 없었다. 하지만 웰티 씨가 지금 내게로 다가오고 있다는 것은 믿고 싶지 않지만 현실이었다.

그는 내게 손을 뻗었고, 우리는 악수를 했다. 그러자 온몸을 타고 흐르던 긴장감이 조금은 풀리는 것 같았다. 그리고 우리는 그의 마당에서 제일 먼저 꽃을 피울 것 같던 진달래에 대해 이야기하고, 벌써 봄기운이 여기저기에서 얼마나 완연한지 대화를 나눴다.

20년 전만 해도 그는 마음이 온통 분노로 멍들어 있던 사람이었다. ─ 그랬던 그가 지금은 친절의 화신으로 다시 태어난 것만 같았다. 그는 분명히 변해 있었다. 변화가 아니라 변신이었다.

집으로 돌아와 나는 아버지에게 웰티 씨에 대해 이야기했다. 아버지는 웰티 씨가 자신의 어머니가 죽은 후 좋은 사람으로 변하기 시작했다고 알려 주셨다. 그의 어머니는 그가 갖고 있던 전부였다. 그리고 그의 어머니가 돌아가시자 그는 완전하게 혼자가 됐다.

그 이후 아이들에게 삽을 집어 던지던 웰티 씨가 달라지기 시작했다. 그는 풍선껌과 쿠키를 준비해 자신의 마당으로 아이들을 초대하고 싶어 했다. 잘 가꿔진 잔디가 깔린 채 덩그마니 비어 있던 앞마당은 아이들이 몰려드는 사랑스러운 공간으로 변하고 있었다.

한 사람의 성격과 특질이 5살 때쯤이면 충분히 형성된다고 하는 것을 책에서 읽은 적이 있다. 그리고 사람들은 5살 먹은 한 아이가 자라서 껄렁껄렁하게 껌이나 씹으며 까불댈지, 아니면 암을 고칠 수 있는 획기적인 치료약을 개발할 사람으로 자랄지 일찍부터 구별할 수 있다는 것이다. 적어도 그 책의 저자가 말한 내용으로 봐서는 5세 이전에 아이를 바로 잡든지 아니면 나중에 필요할지 모를 거액의 합의금이나 보석금을 준비해두는 것이 현명한 일이라는 것이다.

나는 그 책을 뽑아 내던졌다. 내가 구태여 그런 책을 보면서 스트레스를 받을 필요는 없었다. 아직까지 어리버리한 아이를 두 명이나 두고 있는 부모로서 벌써부터 밤이면 잠이 안 오고 있던 터였다.

이제 그 책이 내게 더 이상 필요하지 않은 이유는 인생의 항로 한 가운데서 완전히 변화했던 웰티 씨와 같은 많은 사람들을 알게 됐기 때문이다. 누군가에 대한 증오나 미움이 가져오는 끊임없는 마음의 불편 끝에서 사람들은 자애와 은혜를 선택한다.

〈이사야서〉에는 하느님이 사막 한가운데 시내를 만든 이야기가 나온다. 하느님은 그런 것이 전혀 존재하지도 않았고, 존재하지도 않을 것 같았던 곳에서 창조의 힘을 보여주신다.

'사막 속의 개울!'

이사야서는 그렇게 하느님의 기적을 표현했다.

나는 지금 여러분에게 그 개울은 실재하는 것이라고 말하고 있다. 어느 봄날 진달래가 막 피어나기 시작했을 때 내가 그 개울을 직접 건넜으니 말이다.

8. 나의 성인(聖人) 외할머니

이야기를 시작하기에 앞서 나는 외할머니에 대한 나의 무조건적인 지지와 애정을 고백해야만 할 것 같다. 노마 할머니는 세상 그 누구보다도 부드럽고 상냥한 분이셨다. 하지만 외할머니가 돌아가시기 전까지는 나는 그런 사실을 별로 실감하지 못했다.

외할머니는 아흔이 넘으셔서 돌아가셨다. 뒷 베란다에서 넘어지신 뒤 엉덩이뼈가 부러지셨고, 외할머니 엉덩이를 새 것처럼 잘 만들어줬을 수술을 받은 지 나흘 뒤에 돌아가셨다. 수술을 무사히 마친 의사는 "집에 가서 편히 쉬시면 됩니다" 라고 했는데, 아마도 외할머니는 의사가 영원히 편히 쉬라는 말을 한 것으로 잘못 알아들으시곤 하늘나라로 가서도 된다고 생각하셨던 모양이다. 의학적으

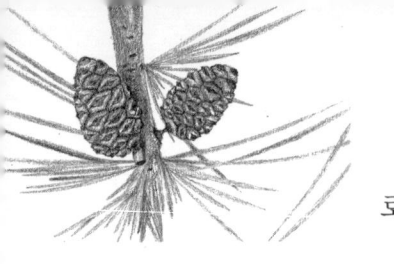

로는 외할머니의 심장에 이상이 온 거였다.

　　외할머니는 어머니와 아버지 모두가 바쁘게 일을 해야 했기 때문에 대화를 나눌 여유가 전혀 없었던 우리 집에서 일종의 해결책을 제시해주신 분이었다. 외할머니는 아이들 성장에 필수적이지도 않은 그저 겉치레에 불과한 물건들을 사 주기 위한 돈을 벌기 위해 밖으로 나가는 것보다 더 중요한 것이 무엇인지 알고 계셨다. 특히 한창 자랄 나이에는 아이들의 옆에 있어 주는 것이 무엇보다 필요하다고 생각하셨다.

　가정 문제를 상담하는 정신과의사들은 아이들과의 대화를 위해 항상 '긴 소파를 준비하라' 고 하지만 외할머니는 현관의 그네와 주방 테이블을 준비하셨다. 그리고 외할머니는 당신 앞에서 말을 하고 있는 아이가 지금 자기가 하고 있는 말이 세상에서 가장 가치 있고 귀 기울일 만한 이야기라고 스스로 느낄 수 있을 만큼 한없이 다정하고 주의 깊게 들어주는 방법을 알고 계셨다.

　요즘에는 아이들이 스스로를 가치 있게 느끼도록 하자며 아이들의 자존심을 형성하는 것에 관한 많은 이야기들이 나오고 있다. 우리는 그런 교육들이 온전히 학교에서 이루어지기를 바라고 있다. 하지만 내게는 그런 학교 교육이 없었어도 충분했다. 외할머니와 현관 그네에 앉아 1시간쯤 이야기를 하고 나면 내가 세상에서 가장 가치 있고, 귀하게 여겨졌었다.

　외할머니의 하느님에 대한 믿음으로 보건데 외할머니 역시 하느님이 하늘나라로 데려가시려는 부름에 기꺼이 응하셨을 것이다. 단

한 가지 외할머니께서 간과하신 것이 있다면 아직까지 우리가 외할머니를 너무나 필요로 하고 있다는 점이었다. 나는 내 아이들이 외할머니와 함께 그네도 타고, 주방 테이블에 앉아 이야기도 나누는 시간을 가질 수 있기를 원했었다. 아이들 스스로 외할머니와 보내는 시간들이 얼마나 특별한 시간인지 알 수 있기를, 그래서 그들 스스로가 자신이 얼마나 현명하고 지혜로우며 잘 생긴 사람인지 알게 되기를 소망했다.

외할머니가 내게 해주셨던 그 모든 것들을 어머니가 대신 우리 아이들에게 해주실 지는 아직 모르겠다. 심지어 아직까지 어머니는 외할머니가 내게 해주셨던 그 많은 일들을 알고 계신지도 모르겠다. "아이들과 이야기를 나눠 주세요" 하고 내가 어머니께 부탁드리지 않는 이상 어머니가 어떤 반응을 보이실 지도 아직 판단이 서지 않지만, 아마도 어머니는 알고 계실 것이다. 어머니는 바로 외할머니 딸이니까.

나는 외할머니를 '성인(聖人)' 이라고 부를 수 있을 것 같다. 외할머니는 어떤 상황에서도 하루에 두 번 빠짐없이 묵주기도를 바치시던 분이셨다. 외할머니가 묵주기도를 바치시던 그 때만은 온전히 홀로 계시는 시간이었다. 외할머니가 방에 들어가서서 성모 마리아께 바치는 기도와 주님의 기도를 마음을 다해 바치실 때면 어린 나는 외할머니가 나와 이야기하는 것보다 하느님과 대화하는 것이 중요하다고 생각하시는 것만 같아 화가 났었다. 지금에야 나는 그 때 외할머니가 기도를 하면서 보내셨던 그 시간들을 통해 외할머니가 비교할 수 없는 현존감과 감사를 느끼며 인생을 사셨음을 이해할 수 있다.

우리가 더 이상 다른 사람들과 대화하려 들지 않는 것은 일을 하느라 너무 바빠서가 아니라 기도를 통해 자신과 대화하는 시간이 부족하기 때문이다. 자신과의 대화를 통해 스스로의 내면에 충실한 사람일수록 다른 사람과 진심을 담은 대화를 할 수 있는 법이다.

외할머니 장례식 날, 신부님은 '오늘은 축하해야 할 날입니다'라고 하셨다. 이 말은 내가 목사가 되기 위해 신학교에 다닐 때도 배웠던 말이다. 이런 말은 누군가 세상을 떠났을 때 남아있는 사람들이 잠시 마음의 안정을 찾도록 도와주기도 한다. 하지만 소중한 누군가를 잃었다는 깊은 슬픔은 그 어떤 하느님의 말씀으로도 완전히 위로받을 수 없다는 것을 나는 알고 있다.

세상을 떠난 이를 보내기 위해 묘지로 들어서며 북받치는 슬픔과 설움이 느껴지는 순간, 사람들은 학교에서 뿐만 아니라 다른 어디에서도 배울 수 없었던 아픔과 상처가 무엇인지 비로소 알게 된다.

성경을 보면 사랑하는 이가 세상을 떠났더라도 아무 걱정을 할 필요가 없을 것처럼 보인다. 천국에는 누구나 부러워할 만한 대저택이 즐비하다고 한다. 하지만 외할머니는 대저택을 별로 좋아하지 않으실 것이다. 무엇보다 대저택에서는 처리해야 할 쓰레기들이 많이 나올 것이다. 내 기억에 외할머니는 쓰레기의 고약한 냄새를 무척이나 싫어하셨다.

외할머니께는 그저 현관 앞의 그녀와 사랑이 필요한 아이들이 곁에 있기만 하면 된다. 그리고 외할머니와 함께 보낸 시간으로 자존심과 자랑스러움을 배웠고, 기도의 따뜻함에 대해 알아갔던 누군가가 외할머니를 여전히 그리며 사랑하고 있다는 것을 느끼는 그것으로 만족해하실 것이다.

9. 수수께끼 같은
외할아버지

외할아버지는 1904년 벨기에의 작은 마을에서 태어나셨다. 외할아버지의 이름은 헨리였는데, 사람들은 외할아버지를 행크라고 불렀다. 때때로 장난삼아 행크가 아닌 크랭크(crank, 영어로 괴짜라는 뜻)로 불리기도 했다. 외할아버지는 변덕을 부리거나 퉁명스러울 때도 있었지만 그와 동시에 이 세상 누구보다 다정하고 사랑이 많은 분이셨다. 그래서 나는 외할아버지를 '수수께끼' 같은 분으로 기억한다.

외할아버지는 아주 어린 꼬마였을 때 미국으로 건너오셨다. 외할아버지의 가족은 뉴욕 항의 작은 섬을 통해 미국으로 들어오셨다. 그 뒤 웨스트버지니아로 이주하셨고, 외증조 할아버지는 그 곳 유리 공장의 일꾼으로 일하셨다. 외할아버지도 웨스트버지니아에서 학교를 다니기 시작하셨다.

대부분의 이주민들이 그렇듯이 외할아버지 가족도 자부심이 대단했다. 도움이 필요하더라도 그 누구에게도 손 벌리지 않았다. 외증조 할아버지 부부는 외할아버지가 단 한 마디의 영어도 하지 못하는 데도 미국인들이 다니는 학교에 보내셨다. 지금 외할아버지는 나나 보통의 미국인들처럼 영어를 구사하신다. 때로는 벨기에 사람 특유의 억양이 외할아버지의 말에서 묻어나오긴 하지만 말이다.

외할아버지는 집안의 장남이셨다. 외증조부와 외증조모님은 다정하기만 한 분들이 아니었다. 따뜻하게 안아주기보다는 매를 먼저 드시는 분들이었다. 외할아버지가 6학년으로 진급하게 되자 외증조부는 외할아버지께 책값이 너무 많이 든다고 말씀하시며 걱정하셨다. 그리고 외할아버지에게 학교를 그만두게 한 뒤 유리공장의 공장장에게로 데려가셨다.

공장에 들어가면서 작성한 계약서에는 외할아버지의 나이가 16살이라고 적혔다. 외할아버지는 13살 때부터 공장에서 하루 종일 일하는 직업인이 된 것이다. 외할아버지는 월급을 받는 고스란히 외증조부와 외증조모님께 가져다 드렸다. 외할아버지께서 결혼을 일주일 앞둔 어느 날 외증조부와 외증조모님은 그 때까지 모아온 외할아버지의 월급을 주셨다. 그렇게 하는 것은 벨기에 어느 작은 마을에서 이주해온 가족들이 지켜낸 자신들의 전통이었다.

외할아버지와 외할머니는 3명의 딸을 두셨다. 캐시 이모와 메리

이모, 그리고 어머니가 그들이었다. 어머니는 6살 때 편도선이 부어 수술을 하게 됐다. 그 때 병원에 입원한 어머니를 위해 외할아버지가 사 오신 것은 야구 투수의 장갑이었다. 외할아버지는 어머니에게 권총도 사 주셨다.

외할아버지는 한 번도 그렇다고 대답을 하신 적이 없지만 나는 때때로 외할아버지가 아들이 한 명쯤 있었으면 하고 바라셨을 거라고 생각한다.

2차 세계대전이 일어나자 외할아버지는 갖고 계셨던 차를 팔고 가족들에게 신형 자전거를 한 대씩 사 주셨다. 기름 값을 감당하기가 너무 힘들어졌기 때문이었다. 어머니는 가족 모두가 새로 사온 반짝거리는 자전거 위에 타고 있는 사진을 지금도 간직하고 있다. 전쟁 중이었지만 사진 속의 가족들은 너무나 행복해 보였다.

그들은 자전거를 타고 어디든 갔다. 시장이건 교회건 못 가는 곳이 없었다. 하지만 외할아버지는 직장만큼은 걸어서 가셨다. 그만큼 외할아버지에게 직장은 경건한 마음으로 출근해야 하는 곳이었다. 외할아버지는 외증조부가 그러셨던 것처럼 오랜 시간 유리 공장에서 일하셨다.

외할아버지가 50대에 이르러 다니던 유리 공장이 문을 닫았다. 외할아버지는 건축사와 함께 일하는 사무실에 출근하게 되셨다. 다시 일을 시작하기 위해 외할아버지는 야간학교에 등록해 건축에 대한 공부를 하셨다. 외할아버지는 학교 부속건물을 디자인하셨다.

그 뒤 외할아버지는 학교 건물에 필요한 물건들을 파는 쪽으로 직업을 바꾸셨다. 물건을 구하고 팔기 위해 외할아버지는 남쪽 지방을 지치지도 않고 돌아다니셨다. 30년이라는 세월을 밤낮없이 공장 안에서만 보내신 외할아버지가 드디어 밖으로 나와 세상을 보는 것과 여러 사람들을 만나는 것을 즐기기 시작하게 된 것이다.

내가 한창 자랄 때는 자주 외갓집에 들렀었다. 외할아버지께서 우리를 보면 하시던 첫 말씀은 당황스럽게도 "어서 와라, 반갑구나. 그런데 집에는 언제 갈 셈이냐?"였다.

그렇게 어색한 대화를 나누고 난 뒤 외할아버지는 우리를 집안의 작업장으로 데려가셔서 나무를 가지고 뭔가를 만드는 법을 직접 가르쳐 주셨다. 내가 실수를 할 때면 외할아버지는 화를 참지 못하고 연장을 집어던지셨다. 하지만 집으로 돌아오시면 어머니와 아버지께는 "아이가 재주가 참 좋구나" 이렇게 말씀해 주셨다. 나는 연장을 집어던지시던 외할아버지의 모습은 까맣게 잊고 어깨가 으쓱해지곤 했었다.

67년 동안 외할머니와 부부로 살아오셨던 외할아버지는 외할머니가 돌아가시자 작은 강아지 베이브와 단 둘이 지내셨다. 베이브는 아직도 매일 아침이면 외할머니 방으로 들어가 어디론가 떠나버리신 외할머니가 밤새 돌아오지는 않았나 확인한다.

최근 마지막으로 외할아버지를 방문했을 때, 외할아버지는 나를 예전의 그 작업장으로 데려가 새로 산 테이블 자르는 톱을 보여주셨다. 외할아버지는 물건이 좋아서 10년 내지 15년 동안 끄떡없을 것 같다며 좋아하셨다.

외할아버지는 아흔한 살이시다. 그리고 나는 닳아서 못 쓰게 될 때까지 그 톱을 외할아버지가 쓰고 계셨으면 정말 좋겠다.

10. 장모님과 까마귀

나의 장모님은 지금 인디애나 남부에 살고 계신다. 장모님은 2차 세계대전 이전부터 그 곳에 사셨다. 장모님이 살고 있는 집에서는 방 2개 모두를 곡물 저장소로 쓰고 있다.

아주 오래 전부터 장모님과 장인어른은 얼마간의 젖소와 닭을 키우시면서 우유와 달걀을 다른 농장에 갖다 파셨다. 장모님은 침실에서 잠깐 잠들었던 어느 겨울밤 닭장을 따뜻하게 덮혀주던 난로가 꺼져 버린 후, 밤마다 달걀에 금이 가는 꿈을 꾸신다고 할 만큼 기르던 동물에 대한 애정이 각별하셨다.

장모님과 장인어른은 3명의 사내아이를 두셨고, 11년 후에 2명의 딸을 더 낳으셨다. 장인어른은 당신이 기르신 이 5명의 자녀들이야말로 당신 인생의 최고의 수확물이라 하셨다 한다. 3명의 남자 아이들은 한 방에서 자랐다. 불편했지만 가난한 집에서는 어쩔 수 없는 일이었다. 형제들은 서로 부딪혀가며 자립심을 키워갔다. 그리고 시간이 흘러 대학에 들어가 학위를 땄으며, 스스로 밥벌이를 할 수 있을 만큼 성장했다. 딸들도 비슷한 성장과정을 거쳤다.

장인어른과 장모님은 단순하고 올곧은 육아법을 갖고 계신 분들이셨다. 열심히 일하고, 좋은 음식을 먹으며, 사랑으로 아이들을 대하셨다. 그리고 일요일마다 아이들을 교회에 데려가셨다. 그들은 텔레비전 채널이 다 잡히지 않는 곳에서 살았지만, 그 집을 찾아온 손님들만이 좋아하는 프로그램을 볼 수 없다며 잠시 아쉬워하면 그뿐이었다.

장인어른은 1975년에 돌아가셨다. 장모님은 농장에서 쓰던 물건들을 모두 팔아버리고 운전을 배우셨다. 그리고 도시에서 병약한 노부부를 보살피는 일을 시작하셨다. 그 때가 딸들이 대학을 졸업하고 결혼해서 그들끼리 가정을 꾸리던 시점이었다.

어떤 손자나 손녀들도 장모님이 계신 곳에 살고 싶어 하지 않았다. 때문에 장모님이 돌아가시고 나면 150년이나 된 장모님의 집과 그 집으로 통하는 오래된 자갈길은 아마도 없어질 것이다. 나는 그 집을 다시 볼 수 없게 되는 때를 떠올리지 않으려고 노력한다.

우리 가족은 종종 홀로 계신 장모님을 찾아간다. 장모님의 집으로 가려면 차를 타고 한참을 구불구불한 길을 따라 가야 한다. 그렇게 오랜 시간 시골 풍경을 지나치고 나면 장모님이 아주 젊으셨을 때부터 자신의 모든 것을 바치셨지만 이제는 쓸쓸한 흔적만 남은 농장 터가 나온다.

미처 다 정리되지 않은 물건 하나하나에 대해 장모님은 자신만의 추억과 기억을 갖고 계실 것이다. 그러나 그 모든 것들 역시 장모님이 돌아가시는 순간 아무도 기억하지 못하고 사라지게 될 것 같다. 보이지 않는 것에 대해 사람들은 쉽게 잊고 망각하게 되기 때문이다.

장모님 댁을 찾아갔던 어느 날, 장모님은 창가 쪽으로 나를 부르셨다.

"저걸 들어보게."

장모님이 말씀하셨다. 나는 가만히 귀 기울였다. 그리고 새가 '후스' 하고 5번 짧게 우는 것을 들을 수 있었다.

"이게 무슨 소리죠?"

내가 묻자, 장모님이 알려주셨다.

"비까마귀라네, 큰 비가 오기 전에 꼭 저 새가 저렇게 울어. 비까마귀가 어떻게 생긴 것인지 나도 한 번도 보지 못했지만, 이 소리를 여러 번 들었지."

나는 처음 들어보는 이야기였다. 하지만 꼬치꼬치 따지거나 그런 말이 어디 있느냐고 장모님과 입씨름하고 싶지는 않았다. 장모님 역시 한 번도 본 적이 없는 새라니 ― 게다가 그 새가 5번 울기만 하면 큰 비가 온다니 말도 안 되는 이야기라고 생각했다. 하지만 조금 있다가 비가 내리기 시작하더니 2시간 후에는 정말 폭우가 쏟아졌다.

〈요한복음〉에는 부활한 예수님이 제자들을 찾아가는 이야기가 나온다. 도마는 예수님의 상처를 직접 만져 보기 전까지는 예수님이 다시 살아났다는 사실을 믿지 못한다. 살아있는 예수님을 직접 눈으로 보고서야 부활을 믿은 도마에게 예수님이 말씀하셨다.

"보지 못하고 믿는 자들은 복되도다."

많은 사람들은 예수님이 이 말을 했을 때는 대부분의 사람들이 예수님이 이미 죽었다는 사실을 알고 있을 때라고 이야기한다. 눈으로 확인하기 전까지는 진실이라고 믿을 수 없는 상황이었다는 것이다.

하지만 이 부분은 초기 신앙인들에게 지금까지 보지 못한 것에 대해서도 믿음의 힘으로 진짜라고 확신하며 믿는 것의 중요성을 깨우치게 하기 위해 강조되어 있다. 장모님이 비까마귀를 믿는 것처럼 말이다.

우리는 모두가 자신이 열정적인 신자라고 믿으며 "제게도 기적을 보여 주소서" 하는 바람을 갖고 있다. 하느님이 내 앞에 나타나 주시기를, 그리고 비까마귀를 볼 수 있기를 바라지만 그런 일은 쉽게 일어나지 않는다.

우리가 할 수 있는 일은 단지 조용히 앉아 귀를 기울이는 것이다. 눈에 보이지는 않지만 실제로 경험할 수 있는 작고도 짧은 다섯 번의 울음소리를 듣기 위해서. 눈으로 직접 확인할 수는 없지만 실재하고 있는 먼 곳의 존재를 믿으면서 말이다.

마음속으로 알고 있는 것은 언젠가 실제로 나타난다. 비까마귀와 폭우처럼 말이다.

11. 내 친구 짐

내 친구 짐은 목사다. 그는 늘 커다란 십자가가 그려진 옷을 입고 있다. 그는 매년 상당히 많은 돈을 교회에 기부했으며, 헌신적인데다 똑똑하기까지 했다. 그의 자녀들은 축복받은 아이들이었다. 그의 아내는 남편을 대신해 가끔 잔디를 깎을 뿐이었고, 늘 웃는 얼굴이었다. 당연히 나는 그를 별로 좋아하지 않았다.

한 번은 그가 온두라스로 여행을 갈 일이 있었다.

"빈곤층을 위한 선교 여행일세."

그가 말했다.

한창 추운 겨울이었다. 선교 여행이란 계절을 가리지 않는 법이다. 짐은 그 여행을 위해 부츠가 필요했다. 그래서 나는 내가 갖고 있는 것을 그에게 빌려줬다.

내게는 두 켤레의 부츠가 있었다. 내가 오
토바이를 탈 때 신는 부츠와 폭설이 내린
거리를 청소할 때 신는 부츠, 이
렇게 두 가지였다. 오토바
이를 탈 때 신는 부츠는 존 웨인이 서부영화에서 신던 것과 비슷하
게 생겼다.

내가 그걸 신기만 하면 어린 아이들은 갑자기 나를 두려워하며
엄마 치마 뒤로 숨곤 했다. 아무도, 다시 한 번 강조하지만 아무도
그 부츠를 나만큼 소화할 수 있는 사람은 없었다.

눈을 치울 때나 신을 수 있는 또 다른 부츠는 아직까지 한 번도 신
어본 일이 없었다. 그 부츠가 제값을 할 때는 아내에게 눈 치우는
일이 얼마나 힘든 일인지 약간의 과장을 섞어 강조할 때였다. 나는
그 부츠를 보여주면서 눈을 치우는 일은 정말 힘들고 어려운 일이
어서 엉덩이까지 올라오는 그 부츠를 신고 질척거리는 길을 걸어야
한다고 말했었다.

짐은 바로 그 부츠를 가져갔다. 나는 짐을 공항까지 데려다주었
다.

그때까지 그는 비행기를 한 번도 타본 일이 없었다. 짐이 매우 긴
장하고 있었기 때문에 나는 그를 위해 위로의 말을 건넸다.

"물론 요즘은 항공 사고가 잦은 편이긴 하지만 비행 사고가 나서
추락하거나 폭발하더라도 순간이기 때문에 전혀 고통은 없을 거
야."

짐은 그 곳에 3주 동안 가 있었다.

집으로 돌아온 짐은 내게 전화를 했다. 통화를 하다가 그가 말했다.

"좋은 소식과 나쁜 소식이 있네. 나쁜 소식은 공항에서 자네의 부츠를 비롯한 내 짐을 몽땅 잃어버렸다는 거야. 그리고 좋은 소식은 항공사 측에서 내 잃어버린 짐들을 모두 찾아주겠노라고 약속했다는 것이네."

항공사 측에서는 짐에게 매주 전화를 걸어 일이 얼마나 진척됐는지 보고한다고 했다. 당연히 짐과 나는 (몇 년이 흐른 지금까지도) 항공사가 처음에 짐에게 말했던 것과 같은 책임감과 열정으로 이 문제를 끝까지 해결해줄 것이라 철석같이 믿고 있다.

짐을 볼 때마다 나는 짐에게 그 부츠가 내겐 얼마나 소중한 물건이었는지 강조에 강조를 거듭해준다. 물론 사실대로 말하자면 나는 그 부츠가 전혀 아쉽지 않았다. 내가 그걸 잃어버렸다고 해도 전혀 개의치 않았을 것이다.

나의 외할머니 노마가 바로 며칠 전에 돌아가셨던 때였다. 그 일로 나는 마음에 꽤 큰 충격과 상처를 받았었다. 마치 도둑이 들어와 가족들이 가장 아끼던 퀼트를 떼어가고, 할머니가 오랜 시간 만드신 식탁의 장식물을 떼어갔을 때와 비슷한 감정이었다. 진정한 상실감이란 그렇게 오랫동안 곁에 두었던 것이 없어졌을 때 느끼는 감정이라고 생각했었다.

많은 심리학자들이 '상실감' 에 대해 이야기하는 것을 들은 적이 있다. 한 여성 심리학자는 그녀와 상담했던 많은 사람들이 상실감으로 고통스러워했다고 말했다. ─ 사랑하던 사람을 잃은 상실감, 순수함과 신뢰를 잃은 것에 대한 안타까움 ─ 하지만 사람들은 때로 소중한 존재와 가치들을 어떻게 다뤄야 하는지를 미처 알기도 전에, 그리고 우리가 무엇을 필요로 하기도 전에 뭔가를 잃게 되기도 한다.

성경을 보면 난봉꾼이었던 아들을 잃었던 어떤 사람의 이야기가 나온다. 이야기를 뒤집어보면 이 이야기는 아버지를 잃은 한 아들의 이야기가 되기도 한다.

만일 그의 아버지가 아들을 잃은 것에 대해 전혀 상실감을 느끼지 않았다면 망가져 돌아온 아들의 소중함을 깨닫게 되지 못했을지도 모를 일이다. 아들 역시 아버지를 떠나고 나서야 아버지에 대한 상실감을 경험했다.

뭔가를 잃는다는 것은 슬픈 일이지만, 상실감조차 잃는다는 것은 그래서 더 무서운 것이다. 내 친구 짐은 때로 쓸데없는 자만이나 자존심이 더 많은 것을 잃게 한다고 말했다.

어떤 것에 대한 견해나 믿음, 그리고 열정도 마찬가지라고 했다. 그가 한 이 말은 옳은 이야기다. 그는 지금까지 쭉 옳은 말들을 많이 해왔다.

하지만 나는 내게 눈 청소용 부츠가 얼마나 소중한지 깨닫기도 전에, 그것에 대한 충분한 상실감을 느끼기도 전에 잃어버렸다. 얼마나 안타까운 일인가! 그런데도 짐과 나는 아직도 친구이다. 사소한 감정 때문에 친구를 잃는 상실감은 더군다나 없어야 하기 때문이다.

12. 팀의 죽음

내가 팀을 만난 것은 초등학교 2학년 때였다. 우리는 워셀 부인의 수업 때마다 함께 앉아 있었다. 우리는 학교의 어떤 그룹에서도 우리를 멤버로 끌어들이고 싶어 하지 않는다는 것을 알면서부터 서로 친구가 됐다.

우리는 자유자재로 어울리며 농구를 할 만큼 운동 신경이 뛰어나지도 못했었다. 하물며 승마 팀에서 우리를 받아들여 줄 리가 없었다. 여학생들은 우스꽝스러운 외모를 가진 우리를 별로 좋아하지 않았다. '모든 이에게 관용을' 이라는 모토를 엄숙한 맹세로 택하고 있는 보이스카우트도 우리를 거부했다.

팀은 농가에서 살았고, 나는 마을 중심부에서 살았다. 우리가 4학년이 될 무렵 부모님들은 우리에게 자전거를 타고 서로의 집을 방

문해 놀 수 있도록 허락해 주셨다. 그렇게 우리의 행동반경은 학교
와 집을 벗어나 훨씬 넓어졌다.

매주 금요일이면 팀은 자전거를 타고 우리 집으로 와 나와 함께
놀면서 밤을 새웠다. 우리는 가끔 극장에도 갔다. 학교의 승마부 녀
석들은 여학생들과 자주 영화를 보러와 옆에 앉아있었다. 우리는
그들 뒤에 자리를 잡고 앉아 뽀뽀하며 키득거리는 소리를 장난스럽
게 내며 그들을 곤란하게 만들었다.

토요일이면 내가 자전거를 타고 팀의 집으로 갔다. 우리는 거실
TV 앞에 자리를 잡고 앉아 당시 유행하던 미니 시리즈를 늦게까지
시청했다.

팀의 어머니는 마을 병원에서 야간 당번 간호사로 일하셨다. 그
녀는 우리에게 쿠키와 프링글스를 가득 가져다주신 뒤, 팀과 나 둘
다에게 굿나잇 키스를 해주시고 일을 하러 가셨다.

팀의 어머니는 정말로 좋은 분이셨다. 대부분의 어머니들은 친구
들을 집에 데려와 늦게까지 있는 것을 좋아하지 않는다. 하물며 나
같이 변변치 못한 학생을 친구로 두는 것은 탐탁치 않게 마련이다.

하지만 팀의 어머니는 전혀 개의치 않으셨다. 나는 팀의 집에 가
기만 하면 언제나 환대받는다고 느낄 수 있었다. 내 아이들이 친구
들을 집에 데려올 때면 나는 내 어린 시절 팀의 어머니가 내게 주셨
던 따뜻함을 기억하며 아이들의 친구들에게 그런 사랑을 주려고 노
력한다.

우리가 8학년이 됐을 때, 나는 에이미라는 여학생을 봄 댄스파티

에 초대했었다. 하지만 팀은 혼자 왔다. 하는 수 없이 우리 셋은 함께 앉아 기분 전환용으로 주는 샴페인을 마시기만 했다. 에이미는 조금 있다 자리에서 일어나더니 파티가 끝날 때까지 화장실에 가 있었다. 댄스파티에서 우리와 함께 앉아있기보다 변기에 앉아 어떻게 그곳을 빠져 나갈지를 고민하는 것이 더 낫다고 판단한 모양이었다.

고등학교에 올라가서 우리는 함께 있기 위해 항상 같은 수업을 선택해 들었다. 우리 둘 다 여자 친구를 사귀고 싶어 안달이었다. 불행인지 다행인지 우리가 여자를 좋아하는 취향은 전혀 달랐다. 학교에서 제일 예쁜 여학생은 로라였다. 그녀는 치어리더였다. 팀은 그녀를 짝사랑하고 있었다. 다행히도 그녀는 승마부였던 내 남동생과 친구였기 때문에 나는 남동생에게 그녀의 사진을 하나만 구해 달라고 부탁했다. 로라는 사진에 '내가 진정으로 사모하는 누군가에게' 라고 적어 보냈다. 당시만 해도 나는 로라가 내 이름을 몰라서 그렇게 여운을 남기며 적어 보냈다며 우쭐해 했다. 나는 팀에게 2달러를 받고 그 사진을 팔았다. 소년들의 우정이란 원래 그렇고 그런 것이다.

고등학교를 졸업하고 우리는 일을 시작했다. 나는 전기 설비 회사에서 일했고, 팀은 로간 자동차 회사에서 기계공으로 일했다. 나는 그 자동차 회사를 매일 아침 출근길에 들렀다. 1달러어치의 기름을 자동차에 넣으면서 그와 잠시나마 대화를 나눌 수 있었기 때문이었다. 그리고 밤이면 팀의 자동차를 타고 옆 마을에 있는 햄버거 가게까지 다녀오곤 했다.

일을 하면서 번 돈이 얼마간 모이자 우리는 오토바이를 사기로 결정했다. 팀은 그럴 듯 해 보이는 오토바이를 샀지만 성능은 그저 그랬다. 우리는 매주 일요일이 되면 오후나 밤 시간을 기다렸다가 오토바이에 함께 올라타고 여기저기를 돌아다녔다. 그렇게 돌아다니다가 결국 마지막으로 들르는 곳은 퀸 농장일 때가 많았다.

그 곳은 어린 시절 우리가 자전거를 타다가 한 켠에 세워두고 지금은 하나도 중요한 문제로 느껴지지 않지만 당시에는 너무나 심각했던 여러 가지 문제들을 이야기했던 곳이기도 했다.

어느 날 새벽 2시가 넘은 시간이었다. 군 보안국에서 목사를 하고 있는 조 스텀프에게서 걸려온 전화가 나를 깨웠다. 그는, 2학년 때 워렐 부인의 수업에서 만난 이래 변함없이 내 최고의 친구였던 팀이 음주 운전자의 차에 치어 죽었다고 말했다. 팀의 소식을 들은 사람들은 모두 내가 받을 충격 때문에 걱정하고 있었다. 그들은 내가 괜찮은지 수시로 전화를 걸어왔다.

팀의 장례식은 3일 뒤에 있었다. 내가 운구를 맡았고, 맨 앞줄에 앉아 있었다. 그의 부모님은 나와 조금 떨어진 곳에 앉아 계셨다. 팀의 어머니는 슬픔에 가득 찬 얼굴로 앉아 계셨다. 우리는 팀을 남쪽에 있는 공동묘지로 옮겼다. 내가 기억하는 그 날의 기억은 온통 눈물로 범벅이 된 사람들의 얼굴뿐이다.

만일 당신이 돈을 따라야 하느냐, 아니면 가슴을 따라야 하느냐
사이에서 하나만 선택해야 하는 순간이 온다면
그게 어디든 가슴과 함께 가라!

팀에 대해 내가 잊게 된 많은 일들이 있을 것이다. 하지만 지금까지 너무나 생생하게 기억할 수 있는 것은 팀이 '해저드 마을의 듀크 가족' 이라는 영화를 무척 좋아했다는 것과 사고가 날 당시에 디젤 기계를 어떻게 다루는지 배우기 위해 바쁜 시간을 쪼개 통신 강의를 듣고 있었다는 것이다.

팀의 웃음이 생각난다. 그리고 14년에 걸친 우리의 우정을 떠올려본다. 나는 팀이 그 누구도 비웃거나 골탕 먹이는 것을 본 적이 없었다.

팀이 죽었을 때, 많은 사람들은 내게 와서 왜 그런 일이 일어났는지 설명해주려고 애썼다. 그럴 때면 나는 잠자코 그들의 이야기를 들으며 웃어보이다가 이내 고개를 가로저었다. 그러면 대부분의 사람들은 내가 혼자 있을 수 있도록 자리를 비켜줬다.

세상에는 내가 이해할 수 없는 몇 가지 것들이 있다. 음주 운전을 한 사람은 어떻게 별 탈 없이 살다가 자연스럽게 죽음을 맞이할 수 있게 하시고, 벌레 한 마리도 해치지 못하는 선량한 팀은 왜 스무 살이 되기도 전에 하늘로 데려가시는 걸까.

언젠가 나도 하늘에 올라가 하느님과 얼굴을 마주할 수 있게 되는 날이 올 것이다. 그 때가 되면 나는 그 때 팀을 왜 그렇게 빨리 데려가셨는지 꼭 물을 것이다.

13. '지금 현재'라는 마법

내가 아내와 결혼한 지 얼마 안 됐을 때만 해도 우리는 매년 여름 야영을 갔다. 우리가 처음 야영을 시작했을 때는 아주 작은 텐트를 갖고 갔다. 5일 연속 비가 내려 야영이고 뭐고 우리의 몰골이 말이 아닌 채로 텐트가 폭삭 무너지기 전까지 그 텐트는 작긴 해도 꽤 쓸 만한 물건이었다.

우리는 저금한 돈을 털어 더 큰 텐트를 샀다. 그건 방 두 개만큼이나 컸기 때문에 우리는 아주 여유 있게 야영 생활을 즐길 수 있었다. 그 후로 내 여동생이 야영을 위해 급히 필요하다며 그 텐트를 빌려갔다. 하지만 그녀는 비에 젖었던 텐트를 그대로 방치해 접힘 부분이 모두 녹슬고 말았다. 텐트는 결국 얼마 못 가 부서지고 말았다.

내 여동생의 만행은 여기에서 그치지 않는다. 빌려가서 못 쓰게 만든 물건이 한두 가지가 아니다. 우리 부부가 아이들을 돌봐줄 누군가가 필요할 때 그녀에게 전화를 걸어 읊어줄 레퍼토리는 충분했다.

우리가 캠핑을 자주 떠났던 것은 내 유년 시절의 소중한 추억 때문이었다. 5명의 아이들을 기르면서 방학 중인 우리들을 위해 당시 부모님이 해줄 수 있었던 것은 캠핑뿐이었다. 하지만 그 때 우리에게 다른 선택의 여지가 있었다고 해도 아마 형제들 모두 캠핑을 갔을 것이다. 그 만큼 캠핑은 모험심과 도전의식을 자극하는 것이었다.

누군가 내게 당시에는 아무리 즐거웠던 일이라 하더라도 지난날들을 전부 기억할 수는 없을 거라고 말했다. 하지만 나와 내 형제들은 그 모든 순간들을 기억할 수 있다. 기억 속의 많은 날들은 이미 지나가 버렸어도 추억은 소중하게 간직됐다.

6살 때, 나는 가족들과 캠핑을 가서 아버지가 건네주셨던 낚싯대로 생애 첫 물고기를 낚았다. 아버지는 그 순간을 사진으로 찍어두셨고, 25년 뒤 추수 감사절 오후에 동생 데이비드가 다락에서 사진 보관함을 내릴 때 박스 밑에 있던 그 사진이 발견됐다. 세 살 박이 내 아들 녀석이 그 사진을 보겠다고 내 무릎 위로 올라왔다. 나는 그 녀석의 머리를 어루만지며 30년 뒤 아들은 추수 감사절을 맞으며 어떤 시간들을 기억할까 궁금해졌다.

우리 부부는 첫째 아이 스펜서를 캠핑에 데려갔다. 아이가 2학년 여름 방학을 맞았을 때였다. 우리는 화장실 바로 옆에 텐트를 쳤는데, 그렇게 한 건 근처에 미끄럼틀이 있었기 때문이기도 했다. 그 노란색 미끄럼틀을 스펜서는 올라갔다 타고 내려오기를 끊임없이 반복했을 만큼 좋아했다.

스펜서는 내가 자기를 몇 번이고 일으켜 세웠고, 얼마나 자주 공중으로 번쩍 들어 하늘 그네를 태워줬는지 기억할 수 있을지 모르겠다. 어쩌면 산행을 하다가 내가 자기를 놓쳐 덤불 속에 넘어졌던 일, 캠프파이어를 하다가 엄마 무릎에 기대어 잠들었던 일, 그리고 가져갔던 캐러멜이 녹아 끈적끈적해진 이불 속에서 일어났던 다음 날 아침을 혹시 그리워할 지도 모르겠다.

때로는 내가 모든 순간을 기억하려 하는 것이 잘못된 것이 아닐까 생각하기도 한다. 그러다 보니 나는 매순간을 잊지 않고 담아두기 위해 사진을 많이 찍게 된다. 어딜 가든 카메라를 가져가야 할 정도이고, 그러다 보니 세상 일이 내가 예상했던 것처럼 착착 맞아 돌아가길 다른 사람들보다 더 많이 원하는 것 같다.

하지만 인생은 '그렇게 돼야만 한다'고 생각하는 방향으로만 흘러가지 않는다. 그리고 기억하고 싶던 순간들이 지나가더라도 의식되지 않은 채 마음속에 간직될 수도 있다. 지금 현재를 기억하고 싶지 않더라도 간직되긴 마찬가지다. 넘어지고, 벌레에 물리고 있을지라도 그것도 역시 우리 인생을 풍족하게 하고 있는 순간들이다.

나는 신화와 현실 속에서 끊임없이 갈등하고 있는 것만 같다. 마치 그렇게 되길 바라는 마음속의 '당위'와 그저 솔직하고 담담한 보통의 '현재'가 내 안에서 싸우고 있는 것처럼 보인다.

한 번은 내 친구와 함께 캠핑을 가서 화강암 바닥 위에 텐트를 치려고 한 적이 있다. 30분이 넘는 시간을 플라스틱 막대를 갖고 씨름하고 있자 친구가 다가와 말했다.

"이봐, 자네. 텐트를 다른 곳으로 옮겨 고정시킬 생각은 안 하고 있는 거야?"

이런 걸 두고 유연성이라고 한다.

하느님의 특별한 축복을 받은 사람들이라면 보다 일찍 유연성이 무엇인지 알고 상황에 맞게 대처할 수 있을 것이다. 하지만 그렇게 축복받은 사람들이 아니라면 그들의 인생은 실제 필요 이상으로 고달프고 힘들어질 수 있다.

그런 면에서 부모에게 아이들은 축복이 되는 존재들이다. 그들이 끊임없이 가져다주는 모든 곤란함이 부모인 우리에게는 선물이 되기 때문이다. 나는 아이를 직접 키우는 2년 동안 내가 30년 동안 혼자 길렀다고 생각했던 것보다 더 큰 인내심을 배웠다.

내 아들 스펜서는 내 특유의 급하고 강박적인 성격을 치료해주고 있다. 스펜서는 그대로의 '현재'와 그랬으면 바라는 마음속의 '당위'를 구별하는 데도 익숙하지 않을 것이다. 아이는 그저 '현재, 이 순간'에 머물면서 지금 현재의 시간만 살아가고 기억할 뿐이다. 그리고 현재에 머물고 있는 아이는 내게 '현재와 현실'인 삶에 대한 애정을 가져다줬다. 그리고 아이의 눈에 맞춰 이렇게 가고 있는 인생은 매우 느리지만 내 조급하고 강박적인 삶의 박자를 능가하는 힘을 갖고 있었다.

　작고 어린 이 아이 덕분에 나는 있는 그대로의 인생과 시간을 받아들이는 법을 배웠고, 기도를 통해 하느님의 뜻에 맡기는 법을 알아가고 있다.

제 2부

사랑과 가정

　내게는 언제나 '부재 중'인 친구가 하나 있다. 그 친구는 자신이 어디에 머물고 있는지, 그리고 어디로 향하고 있는지 늘 다르게 이야기할 수 있었다. 한 달은 캐나다에서, 그 다음 한 달은 플로리다에서 보내는 식이다. 그는 좋은 친구이긴 하지만 나는, 집에 머무는 것이 그에게 어쩌면 그토록 매력이 없는 일일 수 있을까 궁금하다.

　나는 우리 집 붙박이다. 내가 집을 떠나 어디론가 떠나 있을 때면 하루에 두 번은 집으로 전화를 건다. 그렇게 해야 내가 집에 없는 동안 집에서 일어났던 일을 빠짐없이 알 수 있기 때문이다.

　플로리다 날씨가 아무리 좋더라도 내가 살고 있는 집만 못하다. 집은 내 아이들이 자라고 있는 곳이다. 그 곳에는 내가 심은 담쟁이덩굴이 있으며, 다음 해에 현관 그네를 매달아 두려고 점 찍어놓은 라일락 나무도 있다. 그리고 저녁이면 앉아 하루를 되돌아보는, 그림자가 길게 늘어지는 비밀스러운 나만의 장소도 있다.

　그리고 집은 나의 아침식사를 위해 나보다 30분 먼저 일어나는

아내가 있는 곳이기도 하다. 아내가 그렇게 하는 것은 그녀가 내 아내이기 때문이라거나 그렇게 해야 한다고 생각해서가 아니라 아내가 사랑스러운 사람이며, 아내 스스로 그것을 즐거움과 기쁨으로 여기는 사람이기 때문이다.

집은 매일 오후 내가 아이들을 돌보는 곳이다. 아내는 완벽하게 21세기적인 직업을 갖고 있는데, 나로서는 전혀 알 길 없는 기계의 시스템을 분석하는 일을 하고 있다. 오후 시간이 되면 아내는 출근을 하고, 나는 집에 남아 설거지를 하고, 아이들을 낮잠 재우기 위해 침대로 데려온다. 잠에서 깬 아이들은 레고를 갖고 성을 만들거나 마당에 있는 솔방울들을 주우러 다닌다.

내가 항상 부족하다고 느끼는 인내심을 배우는 곳이 또한 집이기도 하다. 그리고 나는 집에서 내가 알아야 할 모든 것들에 대해 ─ 사랑까지도 알아가고 있다.

1. 아내가 수갑을 산 이유

23살이 되던 해에 나는 내 인생에서 최고의 결정을 했다. 아름답고 지혜로운 여인이었던 조안에게 내 아내가 되어 달라고 청혼을 했고, 그녀는 가족과 친구들의 만류에도 불구하고 나의 청혼을 받아들였다.

8년 동안 나는 책임감이란 것을 온 몸으로 구현했다. 무엇보다 열심히 일했고, 설거지의 제왕이 되었으며, 변기 높이를 아내를 위해 낮춰주기까지 했다. 그리고 조안이 임신을 하자 아내의 산고를 함께 체험하기 위해 출산 교실도 함께 다녔다. 스펜서가 태어나 집으로 오고 나서는 아침을 함께 먹이기 위해 나도 아내와 늘 같은 시간에 일어났다. 그리고 스펜서가 새로 입은 옷에 아침에 먹었던 음식을 아무리 자주 게워내도 모두 참아냈다.

스펜서가 태어난 지 3달이 지나고 조안은 아침 파트타임으로 일터에 돌아갔다. 아내는 직장으로 향하는 아침이면 내게 스펜서에게서 눈을 떼지 말라며 당부에 당부를 했다. 그럴 때마다 내 가슴은 찢어졌다. 어느 날 나는 이렇게 말했다.

"여보, 지금까지 내가 그렇게 못 미더웠어요?"

하지만 그 때 아내의 불신에 너무나 상처받고 고민했던 때문인지 나는 평소와 다름없이 잡화점을 가면서도 아이를 데려간다는 것을 깜빡 잊어버렸다. 집으로 돌아오면서 불현듯 아이 생각이 나 주변을 둘러봤지만 아이가 있을 턱이 있나.

'스펜서가 없다!'

있는 힘을 다해 집으로 뛰어 들어오니 아이가 유아용 침대에서 나를 노려보고 있었다. 아이가 말을 배우기 시작하면 자기 엄마에게 무슨 말을 할지 안 봐도 알 것 같았다.

조안이 돌아오자 나는 그 날의 실수를 고백했다. 당연히 식탁 위 예쁜 초에 불을 붙이고, 아내가 오랫동안 사고 싶어 했던 은팔찌도 특별 선물로 준비한 상태였다.

신앙인답게 조안은 나를 용서해줬고, 내게 한 번의 기회를 더 주기로 했다. 바로 다음 날 아내는 나와 스펜서를 수갑으로 연결시킨 다음 이렇게 말했다.

"여보, 나는 당신을 믿어요."

이런 경험을 통해 나는 다음과 같은 두 가지 사실을 배웠다.

첫째, 아이를 양육하게 되면 기억력과 같은 뇌의 기능에 돌이킬 수 없는 손상을 입게 된다.

둘째, 음, 두 번째로는 뭐가 있었더라… 아, 이렇게 되는 것이 첫째로 알게 된 것이고… 맞다, 두 번째는 우리에게는 모두 때때로 어처구니없이 깜빡 하게 되는 순간이 있게 마련이라는 것이다.

사실 나는 두 번째 교훈을 굉장히 어릴 적에 배웠었다.

우리 가족들은 교외로 차를 몰고 나갔다가 나를 깜빡했었다. 우리는 방학 중이었다. 5명의 아이들, 그리고 엄마와 아빠가 함께 떠났다가 휴게소에 들러 잠시 요기나 하자고 했었다. 그리고는 내가 화장실에서 볼 일을 보고 있을 때 이미 그들은 차 안으로 돌아가 목적지를 향해 출발했던 것이다.

가족들은 20마일쯤 가서야 아이가 한 명 부족하다는 것을 발견했다. 나를 데리러 갈 것인가 말 것인가에 관한 즉석투표가 이루어졌다. 결과는 3대 3 동점이었다. 하지만 마지막 순간 어머니가 마음을 바꾸셨다. 내가 이 자리에 앉아 이렇게 글을 쓸 수 있게 된 것은 순전히 어머니 덕이다.

그렇게 우리는 때때로 누군가에게 잊혀지는 존재가 된 것처럼 느낀다. 성경에서 가장 슬픈 부분은 예수님이 하느님에게 왜 자신을 잊었느냐고 묻는 대목이다. 만일 하느님의 아들인 예수님이 이 세상에 홀로 남겨지고 버려졌다고 느꼈다면 우리라고 해서 누군가로부터 버림받았다는 느낌이 드는 것은 피할 수 없을 것이다.

앞 구절에 대해 몇몇 성경학자들은 그 말은 예수님이 절망에 차 십자가에 못 박힌 채 울면서 했던 말이 아니라고 말한다. 왜냐하면

인용한 그 구절은 결국 〈시편〉의 승리와 영광으로 마무리를 확실히 해주고 있는 부분이기 때문이다.

나는 성경학자들에 대해 굉장한 감사와 존경을 갖고 있긴 해도 이 부분에서 만큼은 그들이 잘못 생각하고 있는 것 같다. 나는 예수님이 이 시점에 자신은 하느님으로부터 잊혀졌다고 진심으로 느꼈으며 완전한 슬픔에 차 있었다고 확신한다. 물론 예수님이 부활해 텅 비어버린 무덤은 결국 그가 부활해 하느님에게, 그리고 우리에게 기억됐다는 것을 증명해 주고 있다.

우리도 마찬가지다. 그리고 이 점이 내가 잡화점으로 외출하면서 집에 혼자 남겨뒀던 내 아들에게 언젠가 말해줄 요지이다. 예수님 역시 십자가에 매달리기까지 하느님으로부터 철저히 버림받아 인류 전체에 대한 대속의 과정을 밟으시곤 결국 하느님의 나라로 가셨다.

"얘야, 나는 잠시 너를 잊었지만 잡화점에서부터 있는 힘껏 달려와 집에 있는 너를 힘껏 안아줬단다."

2. 가족 휴가

아들 스펜서가 6주 됐을 때, 나는 아내에게 휴가를 즐기러 어디론가 가자고 말했었다.

"좋은 생각이 아닌 것 같은 데요."

아내는 걱정했다. 하지만 아내는 내가 실수를 통해 많은 것을 배운다는 것을 알고 있었기 때문에 내가 하고 싶은 대로 하도록 내버려 두었다.

우리는 집에서 4시간 거리에 있는 휴양지의 펜션으로 떠났다. 스펜서는 그 곳으로 가는 내내 잠들어 있었다. 우리는 너무 흐뭇했다. 체크인을 하고 방으로 들어오고 나서 나는 기분이 더 들떠 있었다. '아기를 기른다는 것은 정말 기분 좋은 일이군' 하는 생각을 할 정도였다. 아기를 기르는 어머니들이란 원래 과장을 섞어 아이 기르기가 얼마나 어려운지에 대해 경고성 발언을 하는 데는 선수인 법이라고 생각했다.

그러나 조금 있다가 스펜서가 깨어났다.

하느님께서 죄 지은 인간에게 격노해서 내리시는 형벌 중에는 신체상의 질병에서부터 지진까지 다양한 재앙들이 있을 것이다. 하지만 거기서 한 가지 빠뜨린 것이 있다면 그건 바로 '우는 아기 돌보기'일 것이다. 스펜서는 한참 동안 울다가 우리가 저녁을 먹을 동안만 잠시 울음을 멈췄다. 식당의 할머니뻘 되는 분들이 한참을 빽빽대며 울던 아기를 옆에 두고 겨우 밥을 먹기 시작한 우리 부부를 보더니 빙긋 웃었다.

예전에 나는 할머니들이 아기를 보고 웃는 것은 아기를 워낙 좋아하기 때문이라고 생각했다. 하지만 이제야 그건 아기를 좋아하기 때문이 아니라 자신들의 아기들은 이미 다 성장했다는 안도감 때문이라는 것을 알게 됐다.

우리는 방으로 돌아와 곧장 침대에 누웠다. 하지만 스펜서는 밤새 지치지도 않고 울었다. 다음 날 아침 식사시간이 됐을 때 우리는 스펜서를 잠깐 방에 내버려두고 레스토랑에 다녀오려다가 매니저에게 걸려 제지를 당했다.

집으로 돌아오는 길에 우리가 전념해야 할 것은 오로지 하나였다. 부족했던 잠을 보충하기 위해 한 시라도 빨리, 그리고 조용하게 집에 도착하는 일이었다. 우리의 첫 가족 동반 여행이 악몽으로 끝나는 것을 막기 위해 나는 최선의 노력을 다 했다.

나는 주 정부가 '아름다운 노선'이라고 지정한 길의 이정표를 따라 운전을 시작했다. 하지만 그들이 사람들에게 아름다운 풍경이라며 길을 안내해주면서 간과한 것이 있다면 그 길이 '대단히 구불거리며' 직선도로보다 '3시간이나 우회하는' 길인 데다가 '아이에게 멀미를 일으키는' 누군가에게는 최악의 길일 수도 있다는 점이었다. 하나의 표지판에 그 많은 수식어를 다 담아낼 수는 없었겠지만 말이다.

그 다음 해 휴가 시즌이 되자 우리는 첫 휴가 때의 악몽을 깨끗이 잊고는 집에서 8시간이나 가야 하는 펜션으로 떠났다. 스펜서는 한 번도 울지 않았다. 아이는 매일 밤 소리도 없이 잠을 잤다. 그리고 유아용 시트에 칭얼거리지도 않고 앉았다. 하지만 그 이후부터 우리는 다시 최소한의 마음의 안정을 위해 귀마개를 끼고 있어야 했다.

우리가 이상적으로 생각하는 가족 휴가란 텔레비전에서나 가능한 것이다. 가족에 대한 TV 드라마 시리즈는 가족 여행의 실상을 부정확하게, 또 때로는 왜곡해서 그려내는 것에 대해 비난받아야 한다. 내가 즐겨봤었던 한 가족 드라마에서 주인공이 여행하는 일주일 동안 한 번도 화장실에 가는 모습이 없었다는 것을 기억한다. 노래를 못하는 등장인물이 차 안에서 내내 노래를 부르는데도 함께 타고 있는 어느 누구도 그를 차 밖으로 밀어내지 않았다.

우리는 명랑 가족 드라마나 홈 드라마에 나오는 가족생활을 구현하기 위해 온갖 불편을 꾹꾹 참으며 감수하기도 한다. 솔직히 말하면 외출할 때나 여행할 때 우리 가족이 겪는 대 혼란은 다른 집에서 일어나는 일이기도 할 것이다. 그러나 그렇다고 해서 이 모든 것이 끔찍하게 나쁜 일인 것도 아니다. 가족으로부터 배우는 '용서' 라는 개념이 있기 때문이다. 그럴 수 없었다면 우리가 '용서' 에 관한 그토록 아름다운 예술 작품들을 만들어낼 수도 없었을 것이다.

아내는 심지어 첫 번째 휴가 이후에도 나를 용서해줬다. 하지만 그녀는 그 때 내게 이렇게 말했었다.

"당신도 어쩔 수 없었잖아요, 당신은 그저 아내 말을 죽어라고 안 듣는 수많은 남편들 중의 하나일 뿐이에요."

우리는 다음 휴가를 위해 저축을 시작했다. 다음에는 산으로 가는 것이 어떨까 생각하고 있다. 휴가를 산으로 가자며 아내를 설득하던 중에 나는 "아이를 잃어버리기에 좋은 장소가 널리고 널렸소" 라고 말했다. 아내가 그 전에 저지른 내 잘못을 용서했는지도 알아볼 수 있는 멘트였다.

아내는 물론 내 말이 농담이라는 것을 알 것이다. 정말이지, 나는 내 아이들에 대해 하느님께 매일 감사한다. 매일 같이 ― 몇몇 날들은 다른 어떤 것보다 더한 가치를 담아 그 무엇에도 비할 수 없는 무게의 은혜로움에 감사하며 말이다.

3. 가족력

스펜서가 걸음을 걸을 때 앞으로 뻗어나가야 할 발과 얼굴 중앙에서 중심을 잡고 있는 코의 방향이 서로 다른 곳을 향하면서 뭔가 부자연스럽다는 느낌을 맨 처음 알아차린 사람은 어머니였다. 우리는 며칠 뒤 스펜서를 의사에게 데리고 갔다.

그는 한 살 된 스펜서를 관찰용 테이블에 올려놓고 이리저리 진찰해 봤다.

"발이 휘었고, 탈장 증세가 있습니다. 발은 지지대를 통해서 저희가 교정할 수 있습니다만 탈장 증세 때문에 다른 수술이 필요합니다."

그가 우리에게 진찰 결과를 알려줬다. 수술은 다음 날로 잡혔다.

나는 이 소식을 전하기 위해 어머니에게 전화를 걸었다. 어머니는 내게 탈장은 우리 집안 내력이라고 알려주셨다. 내 남동생 데이비드도 나와 한 방을 쓰던 어린 시절 탈장으로 고생한 적이 있었다. 어머니와 아버지는 그 때 아이들을 불러 모으셨다.

"데이비드가 수술을 받아야 한다."

어머니가 말씀하셨다.

"데이비드가 수술하다가 죽을 수도 있나요?"

여동생이 물었다.

"그건 우리가 알 수 없단다. 그저 우리는 기도를 할 수 밖에 없단다."

아버지가 말씀하셨다.

나는 기도했다. 하지만 그렇게 열심히 하지는 않았다. 왜냐하면 그 당시의 나는 너무나 혼자 쓰는 방을 갖고 싶었기 때문이다.

데이비드는 무사했을 뿐 아니라 병원에서 집으로 돌아올 때 최신 유행의 장난감들을 가득 안고 돌아왔다. 그는 완벽하게 유아기 질병을 앓은 셈이 됐다. 데이비드의 상태는 많은 선물들이 들어올 만큼 심각했고, 그것들을 갖고 놀 수 없을 만큼은 아프지 않았다. 환상적인 조화로 생겨난 병이었다.

스펜서의 수술 날, 아버지가 병원에 와 계셨다.

15년 전에 아버지는 내 졸업식에 오지 않으셨다. 사람들이 와글거리는 동네 체육관에 앉아서 장학사들이 자기들의 노고를 치하하고 학생들을 훈계하는 자리는 별로 갈 곳이 못 된다는 것이 그 때 아버지의 생각이었다.

지금까지도 아버지는 그것에 대해 내게 많이 미안해하고 계셨다. 그리고 졸업식 이후 내가 뭔가를 부탁드리면 항상 요구했던 것보다 더 많은 것을 해주셨다. 그래서 나는 아버지께 전화를 드리고 수술 날 병원에 꼭 와주십사 부탁을 드렸다. 아버지가 갖고 계신 나에 대한 미안한 감정을 내가 더 크고 직접적인 어려운 일을 겪고 있을 때 곁에 있어 주심으로 해서 없애실 수 있을 거라 생각했기 때문이다. 아버지는 우리보다 훨씬 일찍 병원에 와 계셨다.

모든 것이 잘 됐다. 발 뼈가 바른 방향으로 자랄 수 있도록 지지대를 대는 것은 성공적으로 잘 마쳤다. 30분에 걸쳐 시행된 탈장 수술도 의학 교과서에 소개될 만큼 무사히 잘 끝났다. 언젠가는 아이의 배에 남은 흉터도 없어질 것이다.

그리고 지금 우리가 겪었던 마음의 아픔도 깨끗이 지워질 수 있을 것이다. 축복받은 집안이란 중대한 문제점이 있더라도 그 상황과 상처가 쉽게 치유되는 집안일 것이다.

내 사촌 중의 하나는 몇 년 전 아이를 출산했는데, 의사가 해산한 그녀에게 다가오더니 아기의 심장에 구멍이 3개나 있다고 말했다. 그 말은 그녀의 가슴에도 커다란 구멍을 만들었다. 그렇게 어떤 상처들은 치유하는데 오랜 시간이 걸리기도 한다.

내가 이해할 수 없는 것 중의 하나는 어떻게 내가 이토록 축복받은 사람이 될 수 있었는지에 대해서다. ─ 좋은 부모를 만났고, 좋은 아내를 만났으며, 좋은 아이들을 낳았고, 좋은 직업을 갖게 됐다. ― 그렇지 못한 다른 사람들이 훨씬 많다. 나는 그 이유가 내가 하느님께 남들보다 조금은 더 충실하고 좋은 사람이었기 때문이었다고 생각하려 했었다. 하지만 지금은 내가 미처 이해하지 못한 알 수 없는 힘이 어디엔가 있다는 생각이 든다.

만일 아침에 일어나 건강한 아이들과 사랑하는 부모님을 확인할 수 있다면 그것만으로도 감사할 일이다. 물론 사람에 따라서는 같은 상황을 두고도 문제라고 생각할 수도 있고, 그렇지 않을 수도 있다.

하지만 어느 날 밤, 아이들의 방으로 조심스럽게 들어가 아이의 작은 몸이 숨소리를 따라 쌔근거리며 조금씩 올라왔다 내려갔다를 반복하는 것을 보고 있노라면 누구라도 가슴이 뻐근하도록 시려오는 것을 느낄 수 있을 것이다. 당신의 삶이 그토록 숭고하고 고귀하게 빛나고 있음을 느끼면서 말이다.

4. 재능이라는 것

조안과 내가 이발을 위해 스펜서를 미용실로 처음 데려갔을 때 아이는 한 살이었다. 우리는 솜씨 좋기로 소문난 미용사 친구 린다에게 아이를 데려가고 싶었지만 그녀는 아기들 머리는 자르지 않는다고 했다.

우리가 좀 더 똑똑했다면 그녀가 왜 아이 머리는 자르려 하지 않는지 물었을 것이다. 대신 우리는 골목 어귀에 있는 이발소로 아이를 데려갔다. 마을에서 딱 하나 있는 이발소 주인 에디는 우리에게 어떤 스타일로 자르길 원하는지 물어보지도 않았다. 그저 말없이 가위를 꺼내더니 머리를 자르기 시작했다. 그리고 잠시 후부터 우리는 스펜서를 '뜯긴 둥지'라고 부르게 됐다. 아이의 머리 모양이 꼭 그랬다.

집으로 돌아오는 길에 계산을 해봤더니 그 이발소에서 한 달에 9 달러로 18년을 이용하면 거의 2천 달러가 됐다. 2천 달러를 들여 스 펜서는 '뜯긴 둥지 머리'를 하는 셈이 되는 것이었다. 이 시점에서 현명한 사람이었다면 다시 그 미용사 친구에게로 돌아가 왜 아이 머리는 자르지 않는지 한 번 더 확실하게 물어봤어야 하는 거였다.

친구에게 물어보는 대신 나는 아내에게 이렇게 말했다.

"내가 대학을 졸업했다면 아이 머리 자르는 것쯤은 문제도 아니 었을 텐데 말이지."

나는 곧 머리를 자르는 기술과 대학을 다니는 것은 아무런 관계 도 없다는 것을 알게 됐다. 특별한 교육이 필요 없는 기술이라면 왠 지 나도 쉽게 할 수 있을 거라는 생각이 들었다.

조안과 뜯긴 둥지, 그리고 나는 그 다음 주에 백화점에 갔다. 그리 고 헤어 커팅 세트가 세일 중인 것을 발견했다! 당시 신학과 학생이 었던 나는 그걸 하느님으로부터 내려온 계시라고 생각했다. 조안은 의심의 눈초리로 나를 바라보더니 강력한 경고를 날렸다.

"여보, 삼손이 머리를 자를수록 힘을 잃는 사람이었다는 걸 기억 하죠? 스펜서도 그렇지 않을까요?"

"삼손은 자유로운 히피잖아. 저기 말이지, 사도 바울은 긴 머리를 가진 사람은 언젠가 절벽에서 불에 타 버릴 수가 있다고 했어."

내가 맞받아쳤다. 물론 사도 바울은 그렇게 말한 적이 없다. 하지 만 그 때는 조안이 그렇게 말해도 모를 거라 생각하고 그렇게 꾸며 말했다.

그 다음 주 내내 나는 머리카락 길이가 조금이라도 자랐는지 알기 위해 아들을 내 앞에 데려다 놓고 자세히 관찰했다.

내가 헤어 디자이너로 데뷔하기 전 날 저녁, 나는 가위를 날카롭게 갈고 날이 잘 들도록 기름을 뿌려줬다. 그리고 충분한 휴식과 긴장의 이완을 위해 일찍 잠자리에 들었다.

다음 날, 한편의 코미디 영화와 공포영화가 뒤섞인 듯한 일이 일어났다. 머리를 자르는 동안 스펜서가 움직이지 않도록 의자에 묶어놓고 싶어 하는 내 생각에 조안이 강력히 반대했기 때문에 나는 대참사의 주인공으로 완전히 낙인찍히게 되는 일이 일어났다고 생각했다. 실제로 내가 가위를 집어 들기 전까지는 모든 것이 완벽해 보였다. 하지만 얼마 지나지 않아 스펜서는 의자에서 뛰어내렸고, 가위들은 제멋대로 움직이기 시작했다. 내가 스펜서의 이발을 마치고 나서 보니 아이의 머리카락은 거의 삭발 수준으로 잘려져 있었다. 이 모든 안 좋은 상황 속에서도 좋은 소식이 있었다면 아이의 머리를 충분히 덮어줄 야구 모자를 찾는 것이 웬만한 헤어 커팅기를 사는 것보다 돈이 훨씬 덜 든다는 사실이었다.

내가 아내에 대해서 가장 경탄하게 되는 점은 영화배우 뺨치는 외모 때문이라거나 테레사 수녀님 같은 성스러운 그녀만의 분위기(종종 그녀가 내게 엄청 화가 나 있을 때와 종종 헷갈리지만)라기보다는 자신이 어떤 것을 잘하고 무엇에 약한지 정확하게 파악하는 그 신비한 능력이다. 나 같은 사람은 진작에 그만 뒀어야 할 일을 끝까지 붙들고 있다가 쓸데없는 에너지 낭비만 하고 결국 허허 벌판에 혼자 외롭게 남아 비난받는 일이 많다.

사도 바울도 이런 것을 알고 있었다. 사도 바울이 머리 길이에 대한 이야기만 한 것이 아니다. 그는 자신의 재능을 스스로 평가한다는 것에 대해, 그리고 온전히 자기의 힘으로 어떤 일을 해내는 것에 대해 말한 적이 있다. "내게 능력 주시는 자 안에서 내가 모든 것을 할 수 있나니" 라고 했지만, 이 말에는 자기가 해야 할 소명과 달란트를 깨달은 뒤 사명을 갖고 무슨 일이든 해야 한다는 의미가 내포되어 있다.

아내가 지금은 그 어디서도 찾아낼 수 없도록 완벽하게 숨겨버린 헤어 커팅 세트를 처리하면서 내게 해주려던 말도 이런 의미를 담고 있었을 것이다.

5. 정직한 심장

나는 5남매 가운데 넷째로 자랐다. 아들 넷에 딸 하나. 그 딸 하나가 내 누이 치크이다. 누나는 5남매 가운데 첫째였다. 때문에 누나는 우리가 자랄 때는 물론 다 자라서까지 다른 모든 형제들을 돌보고 보살피는 일을 도맡아 했다.

누나가 화가 나서 날리는 오른손 주먹은 정말 강력했기 때문에 우리는 누나 앞에서는 조심성 있게 행동하며 누나를 경외의 눈으로 바라보곤 했다. 누나는 우리 가족 같은 대 부대 안에서 항상 모범을 보이는 사람이었다. 남은 형제들은 누나를 바라보며 누나가 우리가 가야 할 길을 보여주기를 원했다.

가족 안에서 뭔가 순번을 정해 해야 할 일이 있다면 누나는 늘 첫 번째였다. 하지만 결혼만은 예외였다. 누나와 탐은 늦은 결혼을 했고, 누나는 40살이 되기 전까지 아이 셋을 낳기 위해 무던히 애썼다. 그 결과 3년 동안 3명의 아이를 낳았다. 이렇게 빨리, 그리고 계획적으로 아이를 낳는 것은 그 어떤 책이나 학교에서도 배울 수 없을 것이다.

그들은 몇몇 문제들을 갖고 있었는데, 대부분은 세 살 된 큰 아이가 자기보다 어린 두 동생을 방에다 가둬놓고 문을 잠가버리는 버릇이 생겼다는 데서 비롯됐다. 그 동안 잠긴 방 안에서 두 명의 갓난쟁이들에게 무슨 일이 생기지나 않을까 ─ 뒤집기를 하다가 털썩 코를 박고 숨이 막히고 있지는 않을지, 무언가를 삼키다가 질식하지는 않을지 모를 일이었다. 모든 경우의 수를 생각하며 파랗게 질려버린 누나가 문 따는 기술자를 불러 헐떡이며 방 안으로 뛰어 들어간 적이 한두 번이 아니었다.

누나 부부는 모든 문의 손잡이를 떼어버리기로 했다. 하지만 부부가 쓰는 침실의 손잡이는 떼지 않았다. 그 방문은 안에서가 아니라 밖에서 잠글 수 있게 되어 있었기 때문이다. 그 방문의 자물쇠는 밖에서 채우면 되는 것이었다.

나머지 방의 문고리를 모두 떼어냈던 이 획기적인 조치는 누나가 자기 침실에서 침대를 정리하던 날까지 효과가 있었다. 방 안의 누나는 큰 아들을 옆에 두고 부부 침실에서 이불을 정돈하고 있다가 갑자기 문이 밖에서 딸각 하고 잠기는 소리를 들었다. 3살 된 그 녀석이 밖에서 문을 잠근 채 방문을 닫고 엄마 옆으로 온 것이다.

남은 2명의 아기들은 아래층에 있었다. 엄마가 당장 도저히 갈 수 없는 곳에 방치되어 있는 셈이었다. 전기 콘센트를 입 안으로 넣어 버릴 수도 있는 위험한 일이 벌어질지도 모르는 상황이었다.

누나는 패닉 상태가 돼서 창문을 열고 이웃들에게 빨리 와서 침실 문 좀 열어달라며 소리쳤다. 다행히 집에 있던 이웃 한 명이 와서 문을 열어줬지만, 누나는 그 일로 자존심에 상처를 입었다고 생각한 모양이었다.

그 날 밤, 누나는 그 일에 대해 이야기하기 위해 내게 전화를 했다. 그러면서 누나는 이 이야기를 아무에게도 하지 말아줄 것을 부탁했다. 나는 누나에게 걱정할 필요 없다고 했다. 나는 누나의 비밀을 알고 있어도 절대 이야기하지 않았었다.

"우리가 왜 그 방 문고리만 남긴 채로 놔뒀을까? 우리가 무슨 생각으로 그랬던 걸까?"

누나는 자책하고 있었다. 나 같았으면 그런 사소한 이야기를 한다 해도 누군가의 실수나 잘못으로 이야기가 돌아가도록 하면서 대화를 나눴을 것이다.

나는 종종 내 마음을 편하게 하기 위해 내 잘못이 아닌 다른 사람의 탓이라며 쉽게 생각했기 때문이다. 하지만 누나는 그렇지 않았다. 그녀는 솔직했고, 자신의 잘못을 순순히 인정했다. 요즘 같이 모두가 뭔가에 대해 '아는 척' '아닌 척' 하는 시절에 누나 같은 사람이 있다는 것은 신선한 충격이었다. 사실 그 일은 누나의 잘못이 아니었다. 누구라도 그렇게 했을 것이다.

나는 부활절에 성가대에서 노래를 부른 적이 있다. 그 때 내 옆에 있던 남자가, 우리가 부르고 있는 노래 가사에서는 왜 예수님이 나무에서 돌아가셨다고 하는지 물었다. 나는 그에게 뭔가 보여주고 싶은 마음에, 신학적인 배경을 깔아 1세기 팔레스타인 지방에서 쓰였던 십자가에 못 박는 방법에 대해 긴 설명을 들려줬다.

그는 내 말을 잠자코 듣더니 "아, 저는 노래에서 단지 리듬 때문에 십자가 대신 나무라는 말을 썼다고 생각했어요" 라고 말했다. 그때의 머쓱한 기분이란!

많은 사람들은 의구심이 드는 질문에 대한 옳은 대답을 알고 있는 것이 하느님께 가깝다는 증거라고 생각한다. 하지만 나는 그렇게 생각하지 않는다. 나는 하느님과의 밀접함은 우리가 아무 것도 알고 있지 못하다는 사실을 절감하고, 또 고통스러워하며 늦은 밤 침대에서 뒤척이는 순간부터 시작된다고 생각한다.

성경을 보자. 훌륭한 성인들은 해결되지 않은 질문들을 갖고 오랜 시간이 걸릴지라도 그에 대한 답을 끝까지 구했던 사람들이다. 잿더미 위의 욥이 그랬고, 예수님께 기도하는 법을 가르쳐 달라던 제자들이 그랬으며, 십자가에 매달렸던 순간의 예수님조차도 그랬다.

내가 얼마나 똑똑하고 많이 알고 있는지 틈만 나면 자랑하고 싶어 했던 지금까지의 습관 때문에 나는 "저는 그걸 모르겠습니다" 라는 말을 생각하면 솔직히 숨이 막힌다. 하지만 이렇게 자기의 무지를 인정하는 말이 하느님께 더 가까이 가는 문으로 가기 위한 첫 번째 열쇠이다.

하느님은 우리가 옳은 해답을 갖고 있는가 아닌가를 염려하고 걱정하지는 않으신다. 하느님께서 우리에게 원하시는 것은 옳은 해답이라기보다는 옳은 해답을 원하고 있는 정직한 가슴이다. 무지에 대해 아파하고 알지 못하는 질문에 대해 간구하며 하느님을 청하는 깨끗한 마음 말이다.

6. 놀라운 인생이여!

아내와 나는 8년 동안 아이를 기다렸다. 그리고 기다리던 아이를 키우는 동안 나는 대학에 다녔고, 졸업을 했으며, 내가 늘 너무나 바쁘다고 생각했다.

7년 동안 5명의 아이를 낳으셨던 어머니는 작은 초등학교의 교장으로 있으면서 동시에 대학을 다니고 계셨다. 내가 피곤에 지치고 마음이 고달파 매주 토요일 어머니를 찾아갔지만 어머니는 그 모든 것들을 잘 해내고 계셨다.

아이가 없었을 때, 아내와 나는 기꺼이, 정말 우리가 원해서, 아기 양육에 관한 우리 생각을 많은 사람들과 나누고 싶어 했었다. 하지만 정작 아이를 갖게 되고, 키우고 있는 요즘 우리는 좀처럼 우리의 생각을 이야기하거나 충고랍시고 다른 사람들에게 말을 걸지 않는다.

여러분이 누군가에게 "아기 양육이란…" 하면서 운을 떼는 그 순간부터 당신의 아이가 '진기명기 쇼' 나 '세상에 이런 일이' 같은 프로그램에 독특한 기인으로 출연할 확률은 더 높아지게 된다.

우리가 더 이상 양육에 관한 충고를 하지 않는 이유는 부모로 살며 우리가 아이에 대해 그 어떤 것도 제대로 알지 못한다는 사실을 깨닫게 됐기 때문이다. 아이를 갖기 전, 우리는 아이에 관한 한 박사급으로 많이 알고 있다고 생각했다. 하지만 아이를 갖게 된 요즘엔 이 세상에서 위대한 부모는 우리 어머니, 아버지 밖에 없다는 생각을 하게 된다.

내가 아이 양육에 관해 너무나 무지하다는 사실을 인정한다는 것은 꽤 어려운 일이었다. 남의 집에서 돌아오며 이렇게 말하기는 쉽다.

"내가 아이를 갖게 되면 저렇게 되도록 키우지는 않겠어."

요즘 아이가 없는 내 친구들이 우리 집을 방문하고 돌아갈 때면 내가 작별인사를 하며 꼭 덧붙이는 말이 있다.

"집으로 돌아가거든 절대 우리 집 이야기를 하지 말아줘."

친구들은 내가 무슨 뜻으로 이렇게 이야기하는지 알 것이다.

모든 일들이 우리가 계획했던 대로 되지는 않는다. 부모가 된다는 것이 대표적인 것이다. 스펜서가 맞았던 두 번째 크리스마스에 교회의 누군가가 예수님의 탄생 순간을 도자기 인형들로 만든 세트를 선물로 줬다. 스펜서는 그 중 동방박사를 선택해 마치 자기 손가

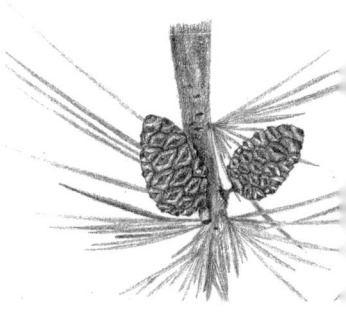

락처럼 쓰려고 했다. 아이는 동방박사를 매운 식초에다 넣어 귀가 식초에 잠길 때까지 밀어 넣는가 하면 케첩에 넣었다가 빼서는 깨끗해질 때까지 핥아 먹었다. 그럴 때면 아내는 아이에게 이렇게 말했다.

"애야, 동방박사를 식초에 집어넣지 말아라."

'내가 아이를 갖게 되면 이런 말들을 하게 될 거야' 하며 생각하는 것들이 있을 것이다. "내가 왜 그런지 충분히 설명해 줬잖니." 혹은 "네가 하고 싶은 걸 해라" 라든가, 아이와 이성적인 대화를 나누며 다정하게 격려하는 모습과 같은 상상 말이다. 더 어린 아이에겐 "그런 건 변기 안에 집어넣는 것이 아니야"라는 말까지도 할 수 있을 거라고 그려봤을 것이다. 하지만 우리는 아이에게 이런 말을 하게 될 줄은 꿈에도 상상하지 못했었다.

"동방박사를 제발 케첩 범벅으로 만들지 말아줘."

물론 이런 것들이 인생의 자극이 될 수도 있다. 우리는 모든 것을 계산에 넣고 예측하고 있다고 생각하지만 이내 어려움에 봉착하게 되고, 또 다른 해결책을 찾아 다녀야 한다. 그래서 자극은 좋은 것이다.

예상치 못한 상황이 다가오는 순간 자신도 알지 못했던 재능과 믿음을 확인하게 될 수도 있다. 우리의 미래가 언제나 확실하고 분명하다면 모든 갈림길에서의 선택이 깨끗하고 단정하게 마무리될 것이고, 믿음과 용기는 필요 없는 것이 될 지도 모른다.

다윗 왕을 생각해 보자. 그는 자신의 고향과 출생에 대해 아무 것도 모른 채 목동으로 자랐다. 하지만 목동으로 자란 그는 왕으로 죽었다. 다윗은 자신의 목숨을 노리는 사람들을 피해 유랑 생활을 하며 갖은 고난을 겪기도 했다. 하지만 다윗은 이런 연단 기간을 통해 각별한 하느님의 사랑과 은총을 체험할 수 있었다. 나도 아직까지 그 끝을 알 수 없는 내 인생의 행로가 어디로 펼쳐질지 알기 위해 그렇게 전진하는 것이다.

이것은 부모가 되는 과정에서도 마찬가지이다. 우리는 알아야 할 것들을 다 알지 못한다. 단 하나의 해결책은 그 때마다 최선을 다하고, 나머지는 하느님께 의탁하는 것뿐이다. 이 말은 내가 모든 것을 다 알고 있다고 생각했던 지난 날, 교회에서 나의 멘토가 되어 주셨던 분이 내게 자주 해주셨던 말씀이기도 하다.

7. 재주 없는
사람들의 비애

우리가 첫째 아이를 가졌을 때, 주변 사람들 모두가 집을 넓히는 공사를 하라고 했다. 우리 집에는 3개의 침실과 적당한 크기의 거실이 있었기 때문에 나는 왜 그들이 여유 공간이 필요하다고 말하는지 이해할 수 없었다. 당시 해외 토픽에서 어떤 나라에서는 방 2개 딸린 아파트에 20명씩 집어넣는다고 들은 적도 있던 터였기에 집 공간을 넓히는 건 불필요한 일처럼 여겨졌다.

아이가 2살이 되어서야 나는 모든 부모들이 알고 있는 것을 알게 됐다. 여유 공간은 아이를 위해서가 아니라 부모를 위해 필요했다. 아이와 잠시나마 떨어져 부모 자신만의 시간을 되돌아볼 공간이 어디에든 필요했다.

우리는 지하실을 생활공간으로 개조하기로 결정하고 건축업자를 불러 견적을 내봤다. 그러고 나서 우리가 가장 먼저 해야 할 일은 지하실을 건조시키는 것이었다. 그 즈음 비가 올 때마다 지하실은 축축하게 젖곤 했다. 나는 지하실의 배수관이 단풍나무에서 뻗어 나온 뿌리 때문에 막혀 있다고 생각했다. 그래서 진동 쇠사슬 톱을 고치는 대로 그 부분을 잘라내야겠다고 마음먹고 있었다(진동 쇠사슬 톱은 며칠 전 내가 마당에 있는 벽돌을 잘라보려다가 고장이 나고 말았다).

하지만 배수관을 뜯어보니 내 예상이 틀렸었다. 단풍나무 뿌리 때문이 아니라 배수관으로 들어오게 된 다람쥐 한 마리가 질식해 죽어 있었다. 우리는 죽은 다람쥐를 코르크 마개 삼아 배수관을 쓰고 있었던 것이다. 잘 들여다봤다면 진작에 해결할 수 있는 문제였다. 나는 배관공에게 하수관 청소용 와이어를 빌렸다. ― 25피트나 되는 긴 줄 끝에 무엇이든 잘라낼 수 있는 칼이 달린 기계였다. 그리고 며칠 뒤 우리 집 지하실은 사하라 사막처럼 건조해졌다.

건축업자들은 지하실 벽면을 바르기 전에 벽에 붙어있는 흰 곰팡이들을 모조리 제거해야 한다고 내게 말했다. 하지만 이해할 수 없는 일이었다.

'벽면을 바르고 나면 흰 곰팡이들도 가려지고, 그 밑에 깔려 박멸 될 것이 아닌가? 내가 왜 흰 곰팡이들을 귀찮게 일일이 떼어내야 하지? 벽면을 바르는데 흰 곰팡이를 없애는 것이 꼭 필요한가?

결국 흰 곰팡이들을 벽에 그대로 붙여둔 채 새로운 벽이 만들어졌다. 그리고 내가 건축업자들에게 말한다고 하면서도 깜빡 한 것은 물탱크에서 역류한 더러운 물이 마루 배수관을 타고 집 위로 올라오기도 한다는 사실이었다. 하지만 증축 공사를 한다는 흥분감에 사로잡힌 멍청한 집 주인은 그렇게 중요한 문제들을 꼼꼼하게 짚고 넘어가지 않았다.

내 친구 중에는 집 관리에 관한 수업을 들었던 친구도 있다. 그의 집은 완벽했다. 그는 나사 드라이버가 필요할 때면 자기만의 장소로 가서 필요한 공구를 정확히 가져온다. 내가 나사 드라이버가 필요할 때면 부엌으로 가 버터를 바르는 나이프를 들고 오는 것과는 너무나 대조적이다. 나는 그런 그가 우리 집에 오는 것이 너무 싫었다. 그 친구는 이런 식으로 말한다.

"자네를 놀라게 할 의도는 전혀 없지만, 저렇게 놓인 전기 콘센트라면 전등을 켤 때 폭발하게 될 지도 모르거든."

나의 또 다른 친구는 모든 것이 제자리에 있어야 안심을 한다. 그는 마음의 안정을 자신의 터무니없는 정리벽에서 찾는 것만 같다. 물론 나는 절대 그렇지 않다.

때로는 세 살 된 아들이 아빠가 하는 집안일을 돕겠다고 나서기도 한다. 한 번은 고장 난 수도꼭지를 같이 수리했었다. 하지만 일을 시작하기 전, 내가 수도꼭지 잠그는 것을 잊어버려 솟구쳐 오르는 수도꼭지의 물이 주방 위 다락까지 뻗쳤었다. 그런 일이 있고 나서 또 한 번 수도꼭지를 수리할 일이 생기자 아들 녀석은 우비를 입고 내 앞에 나타났다. 역시 내 아들이다. 탁월하게 빠른 학습능력을 자랑한다.

예수님의 아버지인 요셉이 목수였다는 사실은 많이 알려졌다. 예수님은 아마도 물건이나 집안 구석구석을 고치기 위해 이 집 저 집을 살피고 다니는 자신의 아버지를 보면서 진정한 삶의 이유와 해야 할 일을 더 절실하게 깨달으셨을 것이다. 그렇게 인간의 불완전함과 한계를 더욱 실감나게 깨달으신 뒤 오직 한 분이신 주님, 우리의 구원자로서 오실 수 있으셨을 것이다.

8. 조언하는 사람들

"**내가** 관여할 일은 아니지만, 내 아이라면 나는…" 이라며, 좋은 의도를 갖고 당신에게 말하는 사람이 있다손 치자. 그렇더라도 '하느님의 이름으로' 그 사람의 입을 틀어막고 싶은 충동을 참아야 한다.

우리 첫째 아이가 태어나기 전에 아내와 나는 좋은 부모 되기에 관한 많은 책을 읽었다. 첫째 아이를 기르면서 우리는 그 책이 얼마나 유용한지 알게 됐다. 특별히 '같이 앉아 씹어대기에' 그 책은 안성맞춤이었다.

둘째 아이가 태어나자 어머니는 아기 양육을 도와주러 오셨다. 어머니는 책을 많이 읽은 현명한 분으로, 알고 있는 것들을 우리에게 무척 나눠주고 싶어 하셨다.

당시 2살이었던 스펜서는 어머니가 우리와 함께 있을 때면 짜증을 냈다. 나는 이틀 동안이나 잠을 잘 수 없었고, 한 시간이나 울고 난 다음에 — 스펜서가 아니라 내가 울었다 — 스펜서에게 그가 원하는 것들을 다 안겨줬다.

"얘야, 그러는 게 아니다."

어머니는 스펜서가 그렇게 성질을 낼 때마다 원하는 걸 얻게 해준다면 그가 투정부리는 걸 어디서 그칠지 장담 못하게 될 거라고 경고하셨다.

어머니는 심지어 아기 잠재우는 것에 대해서도 조언을 해주셨다. 어머니는 침대 질식사를 막기 위해 아기는 등을 대고 뉘어야 한다고 하셨다. 하지만 다른 사람들은 아기를 뉠 때 같은 이유로 배를 대고 뉘어야 한다고 했다. 둘 중의 하나를 택하기보다 나는 머리를 써서 배를 대고 누워도 질식하지 않도록 침대 바닥을 쇠창살처럼 만들기도 했다.

아기들이 유아기 질병에 걸리지 않도록 하는 것 역시 중요하다. 왜냐하면 아이를 돌보기 위해 휴가를 포기해야 하는 것은 정말 곤혹스러운 일이기 때문이다. 하지만 조언하는 사람들 역시 그들이 한 번쯤 겪은 아픔에서 얻은 교훈으로 우리에게 충고하고 있을 것이다. 경험 없이 지혜를 터득하기란 그만큼 어려운 일이다.

많은 사람들은 상황에 따라 때로는 몇 모금의 위스키가 도움이 될 거라고 말하곤 했다. 하지만 그 말을 따라했더니 난 경솔해지거나 술에 취해 정신이 몽롱해질 뿐이었다. 누군가에게 위스키는 용기를 북돋아줄 수 있는 도구가 되기도 하지만, 내게는 아닐 수도 있었다.

들었던 조언 중 최악의 것은 아기를 안아주는 것은 버릇을 나쁘게 만든다는 충고였다. 내게 충고를 했던 사람은 분명히 아이가 포옹이 주는 친근감을 얼마나 필요로 하는지 모르고 있었을 것이다. 자라면서 따뜻한 포옹을 많이 받았던 아이는 반항기인 십대 시절에도 부모의 뜻을 거스르는 일 없이 바르게 성장한다.

'좋은 부모 되기'에 대한 많은 조언들이 있다. 예를 들면 '매를 아끼면 아이를 망친다' 같은 구절이다. 어떤 사람들은 이 말을 '아이를 때리며 키우라'는 의미로 받아들이지만, 찬송가에 등장하는 '매'는 단순한 의미가 아니다. 궁극적으로 그것은 편안함을 가져올 수 있는 매이다. 부드럽고 따뜻한 지도가 함께 할 때 아이는 더 많은 것을 배울 수 있다.

나는 조언들을 절충해서 듣기로 했다. 그건 내가 '좋은 부모 되기'에 대해 더 많이 안다고 생각하기 때문이 아니다. 조언들이란 아이를 기르는 방법에 대한 어떤 한 부분에 도움을 받을 수 있는 것이다. 20년쯤 후에 우리는 문득 그 조언들을 떠올리며 우리가 아이를 기르면서 부분적으로는 다른 사람의 조언을 따랐다고 생각할 날이 있을 것이다.

사람들이 당신에게 아이 기르는 일에 대해 말해주려 할 때는 그들을 성가신 사람으로 생각하지 말고 함께 나무를 기르며 고민하고 있는 사람 정도로 생각하면 된다. 그렇게 함으로써 당신은 당신의 복제품과 같은 아이가 나쁜 방향으로 샐 때 외롭게 자책감에 빠져 있는 대신 "당신이 그 때 내게 그렇게 충고했었잖아" 라며 책임을 공유할 또 다른 누군가를 갖게 되는 것이다.

9. 둘째 아이

첫째 아이를 기다리면서 아내와 나는 5명의 아이를 갖자고 했었다. 하지만 첫째 아이가 태어나자 우리는 2명쯤이 좋겠다고 마음을 고쳐먹었다.

하지만 그 생각도 바뀌었다. 생각을 바꿀 시점에 우리가 첫째를 데리고 있던 곳은 식료품 가게였다. 2명 이상의 아기를 원하게 하시려면 하느님은 분명 그 곳에 더 큰 쇼핑 카트를 만들어 놓으셨어야 했다.

우리가 둘째 아기를 기다리고 있을 때, 친구 하나는 우리에게 '둘째를 갖게 되면 첫 아이 때만큼 흥분되지 않을 것'이라고 했다. 처음엔 그 말의 의미를 이해할 수 없었지만 우리는 곧 그 말이 무슨 뜻인지 알게 됐다. 첫째 때는 아내의 임신 테스트 결과에 흥분한 나머지 100명 가까운 친구들에게 전화를 해댔다. 둘째를 임신해 아내의 임신 테스트 지가 분홍색으로 변했을 때 난 심리 치료사에게 전화를 걸고 있었다.

둘째 아이 샘이 태어나고 이 글을 쓰고 있는 지금, 아이는 생후 3개월을 맞고 있다. 첫째 아이가 3개월을 맞았을 때만 해도 우리는 아기 때의 사진을 모아두기 위해 방을 하나 더 만들어야 했을 정도였다. 반면에 3개월 된 둘째의 사진이라고는 병원에서 출생 당시 찍어줬던 사진뿐이다.

더구나 그 사진은 첫째가 병원에서 처음으로 찍힌 사진과 비슷하기도 하고 둘째 아이 같아 보이지도 않는다. 세상 어딘가에 하루에도 수십 장씩 우스꽝스럽게 비슷비슷한 아기들의 사진을 기계적으로 찍어내는 곳이 있을 것이다. 그런 곳에서는 간호사 한 명이 다가와 "자, 여기 사진입니다" 하면서 당신의 아기를 '닮은 것 같은' 사진 한 장을 건네준다.

옷장 문제도 마찬가지다. 대개의 첫째 아이들은 엘리자베스 테일러가 울고 갈 만큼 멋진 옷들로 채워진 옷장을 갖고 있다. 하지만 둘째 아이들의 옷장은 전혀 다른 스타일로 바뀌어져 있을 것이다.

사람들은 아이들 각각을 다른 태도로 다뤘다는 것을 스스로도 알고 있을지 모른다. 첫째는 도자기 다루듯 했으면서, 둘째는 양은그릇 다루듯 했을 수도 있다는 이야기다. 어떤 유명 작가는 첫째가 고무젖꼭지를 떨어뜨렸을 때는 얼른 주워 끓는 물에 10분씩 삶아 소독했었는데, 둘째가 젖꼭지를 떨어뜨릴 때쯤엔 개에게 그걸 물어오

라고 시켰었다고 고백하듯 말한 적도 있다. 친구들조차
도 둘째를 첫째와는 다르게 대한다.

내 첫째 아이가 태어났을 때는 35명 정도의 사람들이
병원에 와줬다. 둘째가 태어났을 때는 단 한 명이 병원으로
와 축하해줬을 뿐이다. 그 한 명도 누군가의 첫째 아기가 탄생한 것
을 축하해주러 왔다가 옆방인 우리 방으로 잠깐 잘못 들어왔던 다
른 동네 사람이었다.

나는 넷째로 태어났다. 아버지가 내 이름을 제대로 부르시는 데
는 18년이 걸렸다. 자라는 동안 내 이름은 "글렌, … 음 이게 아니
고, 도우, … 아니, 데이비드, … 아이구야, 필 …" 이렇게 여러 번 바
뀌었다. 하지만 난 개의치 않았다. 사실, 나는 내가 넷째라는 사실
이 좋다. 부모님들이 내 형과 누나들을 어떻게 키우셨는지 알게 해
주셨기 때문이다. 그것을 일종의 가이드라인으로 삼을 수 있는 것
이다.

성경에 있는 많은 이야기들도 형제와 동기들에 대해 다루고 있
다. 구약에서는 첫째 아이가 모든 것을 상속받는다. 신약에서는 그
패턴이 약간 달라진다. 〈누가복음〉에는 두 아들을 가진 사람이 나
오는데 귀중한 재산을 물려받은 사람은 둘째 아들이었다. 일반적으
로 유대의 법은 적자가 모든 것을 상속받는 것이지만 하느님의 역
사하심에서는 다른 경우도 많다. 예를 들어 구약의 야곱은 적자인
'에서'의 모든 상속을 가로채기도 한다.

하지만 성경에서 많이 인용되는 '돌아온 탕자의 비유'에 등장하

는 둘째는 실존인물이 아니라 주님을 떠난 사람들을 통칭하는 것으로써, 신앙을 가진 크리스천(첫째)들이 주님을 떠난 세상 사람들(둘째)을 사랑하고 전도해야 함을 강조하는 비유라고 생각해야 할 것 같다.

아이들을 위한 밤 기도를 할 때면 나는 두 아이에 대한 내 사랑이 같아질 수 있도록 주의한다. 이런 감정을 하느님도 갖고 계실지 모르겠다. 하느님에게는 모든 아이들이 첫째 아이일 것이다. 옛 노래에서 말하듯이 "하느님은 작은 아이들 모두를 사랑하신다." 그 애가 둘째이거나 내 곁을 떠나버렸던 아이라도 말이다.

10. 현재 라는 선물

조안과 내가 첫째 아이의 출산을 기다리고 있을 때 우리는 '잠이 부족하게 될 거다', '더러운 기저귀는 또 어떻고', '기분이 하루에도 몇 번씩 나빠질 수 있지' 등등 주위의 경고들을 들었다. 하지만 그 때까지만 해도 우리는 부모가 된다는 기쁨으로 학수고대 하던 날들을 보내고 있을 뿐이었다. 그리고 그건 순전히 아무도 아이들의 생일 파티에 대해서는 말해주지 않았기 때문이다.

첫째가 3살이 가까워오자 우리는 아이에게 어떤 선물을 갖고 싶냐고 묻는 실수를 하고 말았다. 처음에 아이가 원했던 것은 세발 자전거였다. 우리는 그런 말 자체가 귀엽다고 생각했다. 그리고선 비싼 돈을 주고 자전거를 샀다. 자전거 선물에 고무된 나머지 아이는 월마트의 장난감 코너 전체를 원하기 시작했다.

4명의 아이를 키우고 있는 친구는 우리의 이야기를 듣고 웃기만 했다. 그러더니 우리의 첫 번째 실수는 아이에게 '생일이란 것이 있다'는 걸 말해준 것이라고 했다.

또 다른 친구에게는 우리 아들보다 몇 개월 뒤에 태어난 딸이 있다. 이건 일어날 수 있는 가장 안 좋은 일이었는데, 왜냐하면 그들은 아이를 위해 성대한 파티를 열었기 때문이다. 우리 아이의 파티는 그의 파티에 비하면 아무것도 아닌 게 돼버리곤 했다.

친구의 딸이 세 살이 됐을 때, 그는 자기 아이를 위해 살아있는 조랑말을 빌려왔다. 남은 우리들은 이제 우리도 아이의 생일 파티에 조랑말을 빌려와야 한다는 생각에 새파랗게 질렸었다. 하지만 하느님께 감사하게도 조랑말 같은 건 이제 유행이 지나 내 아들도 조랑말로 할 수 있는 그 어떤 것도 원하지 않는다. 그런 면에서는 모든 일이 하느님을 사랑하는 사람들을 위해 착착 진행돼 가는 것 같다.

내가 알고 있는 '여호와의 증인' 신자는 생일 파티를 열지 않는다. 그 이유를 묻자 그는 성경에 기록되어 있는 생일 파티에서 헤로디아가 세례 요한을 죽이려 했기 때문이라고 말했다. 생일 파티에 한 사람의 목숨이 달려 있었던 셈이다. 그리고 바로 이 점이 나도 그와 함께 통탄해줘야 하는 부분이다. 목숨까지는 아니지만 내 아이의 생일 파티 비용도 우리 가족이 감당하기엔 무척 비쌌기 때문이다.

어느 날 큰 애의 생일날이었다. 거실에 앉아 새로 받은 수많은 장난감에 둘러싸여 있던 아이가 울기 시작했다. 그 모든 것을 선택할 수 있다는 사실이 아이에겐 벅찼던 것이다. 나는 아이가 어떤 감정이었을지 알 수 있을 것 같다. 많은 선물에 둘러싸여 있는 아이가 언제나 행복한 것은 아니다.

자라면서 나는 한 번도 거창한 생일 파티 같은 걸 가져본 적이 없다. 우리 집에는 다섯 형제나 있었고, 아버지나 어머니에게는 다섯 아이의 생일 파티를 다 열어준다는 것이 사치였다. 대신 어머니는 생일을 맞은 아이가 그 날 저녁 메뉴를 고를 수 있도록 하면서 생일의 특별함을 알 수 있도록 하셨다. 그리고 우리는 그것이 대단한 특권이라도 되는 것처럼 생각했었다. 물론 지금의 나와 아내는 저녁을 어떤 것으로 먹을지 결정하는 것에 대해서는 진력이 나 있다. 하지만 어린 시절의 그런 '특권' 은 아이에게 생일이라는 특별한 기분을 누리게 해주기에 충분했다.

사람들 중에는 "선물 따위는 중요하지 않아" 라는 말을 좋아하지 않을 사람도 있을 것이다. 부유하지 못한 부모의 항변이라고도 할 수 있을지 모른다. 잘 사는 집일수록 아이들에게 주는 생일 선물의 크기는 커지게 마련이다. 부모 모두가 돈을 많이 버는 사람이라면 아이의 생일 파티쯤 성대하게 치르는 것은 문제가 안 될 수도 있다.

하지만 성대한 생일 파티는 아이에게 해줄 수 있는 많은 기회를 이미 잃은 부모들에게나 의미 있는 것이라고 생각한다. 때때로 나 역시 마음의 갈등이 일기도 하지만 난 우리가 그들에게 주는 선물보다는 우리의 현재를 공유하는 것이 아이들

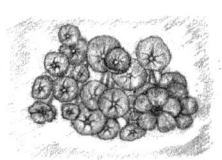

에게 필요하다고 믿고 있다.

　나는 생일날 부모님이 내게 주신 선물에 어떤 것들이 있었는지 거의 대부분 잊어버렸다. 하지만 결코 잊을 수 없는 것은 내가 12살이 되던 날 아버지가 나를 데리고 카누를 타시며 꼬박 하루를 보내셨다는 기억이다. 함께 했던 현재가 지금까지 남아있는 소중한 선물이 된 셈이다. 그리고 아이에게 가장 좋은 선물이 어떤 것인지 빨리 알게 된 부모들이야 말로 축복받은 사람들인 것 같다.

11. 기쁨이 함께 하는 화장실

내 아이들은 매년 어버이날이 되면 나를 위해 카드를 사다준다. 물론 내가 준 돈으로 사는 것이지만 아이들로부터 카드를 받는 것은 꽤나 의미 있는 일이었다. 어느 해부터인가 내가 받은 카드에는 커다란 별이 그려져 있었다. 그건 '성인의 날' 축하 카드였다. 내 두 살 박이 아이는 별을 좋아한다. 어버이날 아침 나는 식사 테이블에 앉아 성인의 날 축하 카드를 받게 된 셈이다.

그 날 오후, 우리 식구들은 아버지 댁으로 갔다. 거의 대부분의 형제들이 모여 있었다. 우리 형제들은 나타나지 않는 누군가가 대화의 주제로 도마에 오르게 된다는 것을 알고 있었다. 나의 두 번째 사촌 동생은 그 자리에 없었고, 당연히 우리 대화의 주제는 그가 됐다. 사촌 동생은 매우 젊었지만 돈을 벌지 않아도 될 만큼 부자였기 때문에 특별히 일을 하고 있지 않았다. 우리는 그가 그 자리에 없는 것이 매우 다행이라고 생각했다. 가족 모두가 그에 대해 뭔가 함께 이야기하기를 오랫동안 기다리고 있었기 때문이다.

우리들 중 누구도 그를 좋아하지 않았다. 왜냐하면 그는 부자일 뿐만 아니라 행복하기 때문이었다. 우리 대부분은 오랜 세월 동안 가난한 축에 속했었고, 부자인 사람들은 가난한 사람들보다 행복하지 않다고 믿고 그걸 위안으로 삼으면서 가난을 감내해 왔다. 하지만 나의 사촌 동생은 그런 우리의 맹목적이었던 믿음을 보란 듯이 깨뜨렸다. 그는 부자인 데다가 행복했다. 그리고 그러한 사실은 우리를 비참하게 만들었다.

먼저 우리는 그의 집에 대해 험담을 늘어놓기 시작했다. 그는 결혼을 했지만 아이는 없었다. 그럼에도 그의 집에는 화장실이 5개나 있었다. 할아버지는 그가 화장실에 두는 화장지로 버리는 돈을 감당하다보면 머지않아 파산하게 될 거라고 장담하곤 하셨다. 우리 집에는 평범한 화장실 한 개와 작은 방에 붙어있는 화장실 비슷하게 쓰이는 공간이 있다. 그리고 나로서는 그렇게 화장실 한 개 반 정도를 유지하는 것만 해도 부담이 된다.

어버이날 다음 주에 아내는 화장실에 들어가면서 화장실 카펫이 젖어있다는 것을 알게 됐다. 나는 아내에게 단지 습기 때문에 그런 것이니 너무 걱정하지 말라고 했다. 하지만 그 다음 날이 되자 물은 발가락 사이로 질퍽거렸다. 습기라기보다는 지하 샘물에 가까웠다.

나는 물이 물탱크 뒤편으로 철철 흘러내리고 있었다는 것을 깨달았다. 하지만 이전에 화장실 문제로 일을 해본 적도 없었다. 이미 머릿속에는 '나는 화장실 고치는 일을 잘 못하는 사람이야' 라는 생각이 박혀버린 터였다.

대부분의 사람들은 자신들의 화장실이 배관공을 부르기에는 너무 후졌고, 그만한 일로 배관공을 부르는 건 창피한 일이라고 생각한다. '남편이나 되는 사람이' 그깟 일을 해결 못해 배관공을 부르는 것은 부끄러운 기분이 들게 하기 때문이다.

나는 낮잠을 자기 전까지 몇 시간이고 화장실에서 끙끙대며 고장난 것을 고치기 위해 애썼다. 그러나 내가 잠시 잠든 틈을 놓치지 않고 아내는 배관공을 불렀다. 배관공은 단 5분 만에 수리를 끝내고 돌아갔다.

이번 일로 내가 얻은 유일한 안도감이라면 내 사촌 동생은 이렇게 신경 써야 할 화장실을 5개나 갖고 있다고 생각할 수 있다는 것이었다. 하느님은 이런 방식으로 내 사촌 동생에게 부자라서 갖는 불편함이 어떤 것인지 가르쳐 주실 것이라고 생각한다.

부유함에는 분명 어떤 불편함이 있다. 물론 내가 경험에서 우러나와 할 수 있는 이야기는 아니다. 하지만 만일 부자인 어떤 사람이 누군가의 초대를 받는다면 그는 다른 이들이 그를 왜 파티에 초대하는 건지 항상 궁금해 할 수밖에 없을 것이다.

그를 파티에 초대하는 이유가 그를 좋아해서일 수도 있지만 다른 어떤 것도 아닌 그가 순전히 부자라서일 수도 있기 때문이다. 나는 한 번도 사람들이 왜 나를 파티에 초대하는지 궁금해 한 적이 없다. 그들이 날 초대하는 이유는 단 하나뿐이라는 것을 알고 있다. 그들은 내 아내와 만나는 것을 너무나 좋아하기 때문이다.

성경에 보면 부자인 한 사람의 이야기가 나온다. 어느 날 그 부자 청년은 예수님께 영원한 삶을 위해서는 무엇이 필요한지 묻는다. 예수님은 10계명을 잘 지키라고 말한다. 부자 청년은 10계명을 잘 지키는 사람이었다. 그가 다시 찾아오자 예수님은 이번엔 그가 가진 모든 것을 팔아 그 돈을 가난한 사람들에게 주라고 한다.

청년은 큰 부자였기 때문에 마음이 몹시 괴로웠다. 예수님은 "하나님의 나라에 들어가기가 얼마나 어려운지 낙타가 바늘귀로 나가는 것이 부자가 하나님의 나라에 들어가는 것보다 쉬우니라" 하셨다. 부자라고 구원을 얻을 수 없는 것이 아니라 부자는 그 부를 사랑하는 마음 때문에 세상의 부를 아낌없이 버리고 온전히 하느님을 따르기 쉽지 않기 때문이다. 청년은 예수님의 말씀대로 따르지 못하고 그 자리에서 사라졌다.

나는 그가 부자라고 생각하지 않는다. 그의 마음은 물질로 가득 채워져 하느님과 주변 사람들이 들어갈 수 없게 됐다. 결국 세상에서 가장 마음이 가난한 사람이 돼버렸다.

그럼 진짜 부자에 대해서 이야기해 보자. 매년 어버이날이 되면 나는 아이들로부터 성인의 날 전용 축하 카드를 받는다. 나는 아내를 사랑하고, 그녀도 나를 사랑한다. 비록 많은 친구들을 모두 초대해도 될 만큼 집이 크지는 않지만 냉장고에는 음식들이 가득 차 있고, 화장실도 2개나 있다. 다른 어떤 것이 더 필요할까? 설사 그 때 과부하가 걸린 화장실 변기에서 물이 넘친다 해도 내 기쁨도 그 때마다 같이 넘치고 있을 것이다.

12. 남자란

내가 여섯 살이 됐을 때, 부모님은 크리스마스 선물로 딱총을 사주셨다. 그건 장난감 공기총이었는데, 그 때 부모님은 그 선물이 위험하지 않다는 생각에 사주셨을 것이다. 부모님이 고려하지 못하신 게 있다면 어린 소년에게는 가장 안전한 물건조차도 폭력적인 도구로 변화시킬 수 있는 능력이 있다는 것이었다. 탄환도 발사 못하는 총이었지만 장난감 총은 대단한 무기가 될 수 있었다. 나는 형이 집단으로 친구들과 싸우는 걸 보고 그런 사실을 알게 됐다.

얼마 뒤 어머니는 장난감 무기에 대해 걱정하시게 됐고, 더 이상의 어떤 총도 사주지 않으셨다. 그건 우리에게 좋은 일이었다. 그 때부터 우리는 축구에 대해 관심을 갖게 됐기 때문이다.

스미더먼 씨는 내 축구 코치였다. 나는 그가 언제나 상대편을 무찔러 버리라며 우리에게 소리를 질렀다는 것 밖에는 기억하지 못한다. 매주 토요일 우리 축구 코치였던 스미더먼 씨는 매주 일요일이면 주일학교 교사로 일했다. 그리고 그가 가르친 성경의 내용은 구약에서 하느님이 인간을 벌하는 내용이 대부분이었다.

물론 수업이 끝나면 그는 우리에게 현실세계에서 '남자'가 되기 위한 준비를 시켰다. 우리가 강인하지 못한 모습을 보이면 호된 꾸지람이나 폭언이 쏟아졌다. 그런 과정은 우리가 짐승 같은 존재로 변화하는 데는 분명히 효과가 있었다. 당시 우리가 생각할 수 있는 재미있는 오락거리란 겨드랑이를 움직여 뿍뿍거리는 소리를 내는 것뿐이었다.

그렇게 자라난 우리에게도 데이트를 해야 할 시간이 다가왔다. 데이트를 할 때면 섬세한 사람이 되어야 할 필요가 있었다. 하지만 그런 교육을 받은 우리가 생각할 수 있는 섬세함의 조건은 기껏해야 달콤하고 부드러운 노래에도 웃거나 쉽게 고함지르지 않는 사람을 의미했다.

남자들은 대학에 진학한 다음에야 목욕도 규칙적으로 하게 됐는데, 그렇게 하는 것은 남자들이 젊고 아름다운 아내를 맞아들이는데 정말 도움이 되는 일이었다. 하지만 남자들은 결혼을 하고 나면 예전의 게으름뱅이들로 되돌아간다.

결혼을 하고 난 다음이면 남자들도 아이를 갖게 된다. 토요일 아침, 아내들은 일어나 '이 아이는 당신 아이이기도 하죠' 하는 표정으로 말한다.

"전 오늘 나가봐야 해요, 그러니까 당신은 아이들을 돌봐야 하는 거예요."

그러니까 이 말 뜻은 우리가 — 난 이런 단어를 너무나 싫어하지만 — '양육'이라는 것을 맡아야 한다는 것이다.

그래, 맞다. 우리가 아이를 기른다는 것은 아이들을 위해 동요를 불러줘야 한다는 것이다. 이건 듣기보다 훨씬 어려운 일이다. 어머니들은 그들의 유전 인자 안에 '동요 유전자' 같은 걸 갖고 있으니 이런 일쯤은 너끈하게 할 수 있는 것 같다. 남자들이 이런 일에 영 소질이 없어도 난 아들이 내 노래에 좋아하며 반응하는 걸 보는 게 정말 기분 좋기도 했다.

그러고 나자 생각도 하지 못했던 일이 일어났다. 내가 집안에서 아이들과 잘 지내자 아내는 매일 오후에 집 밖으로 나가 일하고 싶어 했다. 아내는 내가 계속 아이들과 함께 집에 있어 주기를 원했다. 이런 일은 우리가 결혼할 때 결혼 서약서 어디에도 없었던 거였다. 하지만 집에 있는 사람이 아이들을 돌봐야 하는 것이었기 때문에 어쩔 수가 없었다.

그 이후 나는 거의 대부분의 오후 시간을 내 아이들과 보냈다. 처음에는 아이들을 돌봐야 하기 때문에 뭔가를 할 수 없다고 다른 남자들에게 말하는 것이 참 곤혹스럽게 느껴졌다. 하지만 이제 난 차라리 이런 식으로 말한다.

"당신들을 만날 수 없어요. 아이들이랑 오후에 차로 해야 할 일이

의자
130

있어요."

그것이 레고로 만든 장난감 자동차이면 또 어떤가.

그 뒤 정말 이해하기 힘든 일이 일어났다. 나 스스로 그 일을 매우 즐기고 있다는 것을 깨달았다. 아들 샘을 무릎 위에 앉히고 있었고, 아이가 천진난만한 아기의 웃음을 내게 보여줬을 때 난 그 사실을 알게 됐다. 그리고 그 순간은 내가 친구들과 골프를 하고 환호를 하며 느꼈던 다른 감정들을 한 번에 압도할 수 있는 강력한 위력을 갖고 있는 것 같았다.

내가 항상 기독교적인 믿음 안에서 자라났다면 언젠가 부드러움이 모든 것을 이긴다는 사실을 알았을 것이다. 몇몇 남자들은 아직도 이런 말을 이해하지 못할 것이다. 하지만 난 별로 신경 쓰지 않는다. 나는 아직도 그들에게 저녁에 아이들을 돌봐야 한다고 말하지 않는다. 나는 그들에게 뭔가 시작할 일이 있다고 ― 마치 뭔가 아주 특별한 일인 듯 이야기한다.

정말 그건 내게 특별한 일이니까.

13. 가족 모임

몇 년 전만 해도 숙모님들은 친척들의 집을 매년 봄마다 방문하곤 하셨다. 모인 가족들은 숙모님들이 할머니가 돌아가시기 전에 부지런히 가족 모임을 갖는 것이 얼마나 좋은 일인지 말씀하시는 것을 들으며 앞 베란다에 앉아 있었다.

아버지는 숙모님들의 생각과 다르다는 것을 알 수 있었다. 아버지는 손가락을 목구멍 쪽으로 집어넣으시고 웩웩대는 소리를 내셨기 때문이다. 하지만 숙모님들은 깊은 우애를 발휘하셨고, 한 주가 지나기 전에 가족 모임 초대는 예전보다 더 자주 이루어졌다.

다음 모임은 몇 달 뒤에 이루어졌는데, 할머니를 포함해 100명이 넘는 사람들이 모였다. 할머니는 매우 노쇠하셔서 하느님 만날 날을 얼마 남겨두지 않고 있었고, 그래서 몇몇 친척들은 할머니에게 언제쯤 돌아가시는 것이 좋은 일인지 말하기도 했었다.

다시 모든 사람들이 할머니가 돌아가시기 전에 가족들이 한 자리에서 만나는 것이 얼마나 좋은 일인지 이야기했다. 하지만 난 그것이 할머니께 얼마나 위로가 되는 것인지 잘 몰랐었다. 이미 말했다시피 할머니는 매우 품위 있는 분이셨다. 그리고 그녀 인생의 많은 부분을 영국에서 보내셨다. 여린 손으로 오후의 홍차를 나누는 그런 분위기에서 말이다. 할머니는 셋째 사촌들이 할머니를 위해 벤조 이중주를 했다 해도 그것으로 크게 위로받거나 할 분이 아니라고 생각했다.

내 둘째 사촌은 교장 선생님을 하다 은퇴했는데, 모든 사람들이 그에 대해 존경심을 갖고 있었다. 그는 매우 사려 깊은 사람이었고, 지혜롭고 건전한 판단력을 가진 사람이었다. 그리고 그는 집에 머무는 동안에도 그런 면모를 보여줬다.

박사학위를 갖고 있는 사촌도 있었다. 그는 시카고에 살면서 지금은 대학 연구기관에서 일하고 있다. 그리고 왜 그런지는 모르지만 남부 지방에 자주 가곤 한다. 솔직히 말하면 나는 그가 진짜 박사라는 생각이 안 든다. 왜냐하면 내가 그에게 골프를 치러 가자고 할 때면 그는 어떻게 대꾸해야 할지도 모르기 때문이다.

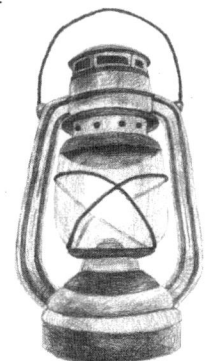

몇 촌수를 건넌 친척 아저씨도 그 자리에 와 계셨다. 그는 우리 집안에서 제일 부자였다. 재미

있는 사실은 우리들 중 누구도 그가 돈을 어떤 방법으로 벌었는지 모른다는 것이었다. 내 친척 중 하나는 그가 약을 팔아 돈을 벌었을 거라고 했다. 또 누군가는 쉽게 영업실적을 내기 어려운 보험을 팔아서 억대의 돈을 벌었다고도 했다.

그리고 할아버지가 계셨다. 가계도 상으로 따지자면 친할아버지였지만 항상 다른 친척들 근처에 사셨기 때문에 친가든 외가든 모두가 '우리의 할아버지'로 느끼고 있었다. 할아버지는 벨기에 분이셨지만 소년시절에 미국으로 배를 타고 오셨단다. 할아버지는 젊었을 때 진 핵크만이라는 유명 배우의 어머니와 연애하기도 하셨다는데, 정말 할아버지가 그녀와 결혼했다면 진 핵크만이 내 아버지가 될 수도 있었던 것이다. 그렇게 됐다면 난 할리우드의 장래가 유망한 꼬마배우로 내 인생을 준비해야 했을지도 모른다. 나는 교회 목사라는 내 직업을 얻을 수 없었을 것이고, 지금의 아내를 만나 토닥거리며 살 수도 없었을 것이다. 결국 모든 것은 가장 좋은 상태를 위해 하느님이 이렇게 결론지으셨다고 생각한다.

예수님이 가족 모임에 참석을 한 적이 있는지 없었는지는 나도 알 길이 없다. 성경에 보면 예수님은 어떤 결혼식에 간 적이 있고, 어머니인 마리아도 동행했던 것으로 나온다. 어머니가 동행한 걸로 봐선 가족 모임이라고 생각한다. 그 자리에서 연회가 끝나기도 전에 포도주가 동이 나 있었기 때문에 예수님은 물을 포도주로 변화시키는 기적을 만들어 내셨다. 예수님께도 가족 모임은 중요한 행사 중의 하나였을 것이다.

예수님은 가족생활에 대해서는 몇 가지 혼란스러운 이야기들을 하셨다. 한 편에서는 '서로 사랑하라' 하시지만 〈누가복음〉 같은 것을 볼 때면 가족을 미워하지 않는 그 누구도 제자가 될 수 없다고 말씀하신다.

"무릇 내게 오는 자가 자기 부모와 처자와 형제와 자매와 더욱이 자기 목숨까지 미워하지 아니하면 능히 내 제자가 되지 못하리라."

하지만 이 말씀은 고난 가득한 제자의 길을 말씀하신 것으로, 진정 가족을 미워하라는 말이 아니다. 예수님의 말씀은 삶의 모든 중심을 하느님께 두어야 함을 강조하신 내용으로, 가족이 그냥 가족이기 때문에 소중한 것이 아니라 하느님께서 손수 지으신 피조물이며, 주께서 말씀하시는 사랑을 전하고 공유할 수 있는 존재이기 때문에 소중하다는 말이다.

내가 하느님을 사랑하면 할수록 내 가족을 사랑하는 것이 쉬워지게 된다. 우리가 하느님을 가장 첫 번째로 사랑할 때, 그 때서야 비로소 우리는 가족을 충분히 사랑할 준비를 완비하게 된다. 얄밉도록 재능이 넘쳐나는 셋째 사촌들마저도 사랑할 수 있는 마음으로 말이다.

14. 고백

나는 덴빌 지역의 세인트 매리 성당에서 성장기를 보냈다. 내가 기억하는 최초의 신부님이신 맥러린 신부님은 난청이셨기 때문에 우리는 고해성사를 할 때면 신부님이 들을 수 있도록 큰 소리로 말해야 했다. 그런 방식으로 나는 타락한 인간 여럿을 알게 됐다. ― 성당 대기석 뒤편에 앉아 죄와 악행에 관해 사람들이 인정하고 있는 것을 다 듣고 있었으니 말이다.

나의 첫 번째 고해성사는 일곱 살 때 이루어졌다. 난 고해성사할 어떤 것도 생각하지 못하고 있었고, 개인적인 죄가 어떤 것인가에 대해서도 알지 못했다. 그렇다고 내가 뭔가 독특하고 제 멋대로 사는 젊은이였던 것도 아니다. 하지만 용서를 베풀고 싶어 하는 신부님을 실망시키고 싶지는 않았기 때문에 고백할 죄를 만들었다.

첫 주에는, 그런 적이 없었는데도 첫째 누이를 욕설과 함께 이상한 이름으로 불렀다고 고백했다. 정말 그렇게 했다면 분명히 나는 천천히, 매우 고통스러운 기분에 잠겨 있었을 것이다. 그 다음 주에는 부모님 말을 듣지 않은 것을 고백했다. 다시 한 번 어처구니없는 죄를 고백한 것이다. 왜냐하면 반항이라는 것은 우리 집에서 절대로 허용되지 않는 것이기 때문이다. 그리고 세 번째 주에는 정말로 내가 그 때까지 거짓말 해왔던 것을 고백하게 됐다. 그 때서야 비로소 나는 고해성사가 반갑게 느껴졌다. 그리고 자신이 지은 죄에 대한 고백을 할 수 있다는 것이 얼마나 강렬한 쾌감을 주는 것인지 알게 됐다.

맥러린 신부님은 내 죄의 고백을 다 들으시곤 보속을 내려주셨다. 세 번의 주기도문과 세 번의 성모송, 그리고 내가 거짓말을 했던 사람에게 가서 거짓을 말했다는 것을 고백하고 용서를 구하라고 하셨다.

처음의 두 가지는 어려운 일이 아니었다. 하지만 내가 거짓말을 했던 사람은 바로 신부님이셨기 때문에 보속을 완벽하게 실천하기는 어려운 일이 되어버렸다. 성직자에게 거짓을 말하는 것에 어떤 벌이 내려지는지는 알 수 없었지만 나는 그것이 큰 죄라는 것은 알고 있었다. '나는 교황청에 가야만 하는 걸까?' 하는 생각으로 심각해졌던 것이다. 성당 안에 걸려있는 교황의 사진을 본 적이 있는데, 마치 교장 선생님처럼 느껴졌다. 그 때의 내 눈에는 교황이 엄격하고 무서운 분처럼 보였다는 말이다.

이런 딜레마로 내가 처음으로 퀘이커교에 관심을 갖게 됐다. 내가 살던 마을에서 퀘이커 교도들은 나처럼 정신적으로 배교행위를 한 사람에 대해 관대한 것처럼 느꼈기 때문이다.

교회에서는 공개적으로 죄를 인정하고 고백하는 것이 기대되지도, 바람직하지도 않았다. 종종 복음을 전도하는 몇몇 사람들은 신을 만나기 전에 자신이 저지른 인생의 죄에 대해 설명하곤 한다. 하지만 죄는 고백해야 하는 것이라기보다는 감춰야 하는 것이다.

퀘이커 교도인 한 여성이 예배를 위한 모임에서 자신의 죄를 고백하는 것을 보고 내가 깜짝 놀랐던 이유가 여기에 있다. 그녀는 자

신이 행한 옹졸한 행동들을 인정하고 우리에게 자신의 죄를 위해 기도해 달라며 초대했다. 우리는 그녀를 위해 기도했다. 그녀는 곧 활기를 되찾았으며, 그녀의 공개적인 고백은 그녀의 영혼을 깨끗하게 해준 셈이 됐다.

물론 그렇게 된 것은 그녀의 잘못이 아니라 그 자리에 있었던 우리 모두의 잘못이었다. 왜냐하면 우리는 그녀의 죄가 조용히 묻혀 잊혀지도록 내버려두지 못했기 때문이다. 그렇게 하는 대신 우리는 그 죄를 다시 한 번 끄집어내어 지은 죄에 대해 다 같이 끊임없이 생각하도록 했다. 나는 가톨릭 신자였을 때가 못 견디게 그리웠다. 신부님에게만 고백된 죄는 잊혀졌다. 그리고 용서됐다.

우리는 누군가가 죄를 지었다고 하면 매우 놀라고, 마치 그런 죄는 절대로 지어서는 안 되는 것처럼 말한다. 자기 자존심에 도취된

나머지 우리는 매일 같이 크고 작은 죄를 지으면서도 자신이 지은 죄에는 눈을 가려버리고 교회의 모임에 가서 많은 사람들 앞에서 거리낌 없이 큰 죄를 이야기한다. 그러한 시끌벅적한 고백의 모임 뒤에는 하느님 영광으로 용서받았다고 생각한다.

내가 '죄의 용서'에 대해 바라는 것은 이런 것이다. 한 번 이상이라도 성당의 기도석에 앉아서 죄와 은혜를 고백하는 사람들의 조용한 침묵을 함께 하는 것, 그리고 진정한 회개와 반성의 시간을 갖고 하느님의 분명한 죄사하심에 대한 믿음을 갖고 있는 사람들에게 경탄하며 두 눈을 감고 나 역시 내 죄에 대한 용서를 비는 것 말이다.

15. 너무 짧은 인생

언젠가 한 번, 나는 내 아버지가 막 돌아가셨다고 착각한 친구들과 함께 뜻 깊은 저녁을 보낸 적이 있었다. 그 날 저녁에는 단지 친구들과 함께 이야기를 나누기 위해 교회 모임에 갔었는데, 사람들은 내게 다가와서 요즘 어떻게 지내는지 물었다.

우리는 종종 짐짓 공손한 척 다른 사람들의 근황을 묻는다. 실제로는 상대에게 어떤 말을 듣게 될지 궁금하지도 않으면서 말이다. 하지만 그 날 따라 사람들은 아주 진지하게 다가와서 손을 내 어깨에 얹고는 부드러운 목소리로 인사를 건넸다.

처음에 나는 그들이 단지 내게 아첨조로 싹싹하게 구는 거라고 생각했다. 왜냐하면 몇 주 전부터 내가 상당한 재산을 이어 받았다는 사실 무근의 소문이 돌았기 때문이다. 하지만 난 구태여 그 소문에 대해 해명하지 않았다. 만일 당신을 둘러싼 소문이 생긴다면 그건 좋은 일이 될 수도 있다. 왜냐하면 대부분이 사실인 다른 소문들이 진실이 아닌 최근의 소문에 덮이게 되기 때문이다. 나도 나를 둘러싼 그런 상황에 나름대로 만족하고 있었다.

어쨌든 그 날 저녁, 한 남자가 내 옆에 앉더니 비스듬히 기대며 말했다.

"아버님 일은 유감입니다."

바로 그 날 오후에 나는 아버지와 이야기를 나눴더랬다. 하지만 아버지와 헤어진 이후 그 짧은 시간에 무슨 일이 일어났을지도 모른다는 생각에 점점 걱정이 되기 시작했다. 무슨 일이 일어났다 하더라도 내게 전화하는 것을 잊을 수 있는 사람이 바로 내 어머니였다. 어떤 사람이 와서 "어제 신문에서 기사를 읽었습니다" 하고 말했을 때, 나는 어머니에게 있는 대로 화가 난 상태로 그 자리에 앉아 있었다. 무슨 일인가가 일어난 것이 분명해 보였다.

나중에 알고 보니 그 기사란 아버지와 이름이 똑같은 사람의 부고였다. 그리고 유족 중 한 명의 이름이 나와도 일치했던 것이다.

다른 교회에서 왔던 사람들도 그 날 아침 나를 위해 기도했다고 말했다. 만일 당신이 사랑하는 누군가를 먼저 떠나보내는 아픔으로 진짜 고통을 겪는 일 없이 그토록 많은 다른 사람들이 당신의 슬픔에 공감하며 위로를 건네는 경험을 할 수 있게 된다고 생각해 보라. 난 기꺼이 그 경험을 충분히 만끽하라고 권유하고 싶다. 그 날 저녁은 내게 너무나 귀중한 시간이었다. 내 아픔에 진심으로 위로를 건네는 사람들이 곁에 있는 것을 확인할 수 있었기 때문이다.

물론 폐해도 있었다. 내가 친구라고 생각했던 한 녀석은 내게 한 마디도 건네지 않았다. 거기에 대해 생각하면 할수록 나는 더 이해가 안 됐다. 만일 그의 아버지가 돌아가셨다면 난 그에게 뭔가 위로의 말이라도 건넸을 것이다. 이런 상황은 여러분에게 누가 진짜 당신의 친구인지 알게 해주는 계기가 될지도 모른다.

부작용도 있었다. 사용할 수 있는 모든 표현을 동원해서 애도를 표한 사람들에게 아버지가 여전히 살아계심을 설명해야 한다는 것이다. 그런 상황에서라면 사람들은 당황하기 마련이다. 상실감을 겪은 사람과 함께 이야기를 한다는 것은 쉬운 일이 아니다. 누군가에게 위로를 건넨 다음이라면 스스로에 대해 '누군가에게 힘이 됐다'는 생각에 자신에 대해 대견한 느낌을 갖고 있을 수도 있는 일이었다.

나는 위로를 해준 사람들의 그런 기분을 망치고 싶지 않았다. 그래서 얼마의 시간이 지난 다음부터는 일일이 해명을 하는 대신 그들이 내게 보여준 따뜻함과 친절함에 감사의 말을 전하기 시작했다. 그게 좀 더 세련된 행동이라고 생각했다. 사람들이 내게 위로조의 음식을 더 이상 가져오지 않을 때쯤의 어느 날을 잡아 당연히 정정 기사를 싣든지 해서 잘못된 사실을 바로 잡아야 한다고까지 마음먹었었다.

나는 아버지에게 전화를 걸어 아버지가 돌아가신 것으로 소문이 났었다고 말씀드렸다. 아버지는 그게 굉장히 재미있는 일이었다고 하시면서 어쩐지 그날 잡화점에 갔을 때 사람들이 자신을 너무 빤히 쳐다보더라고 하셨다. 어머니는 웃지도 않으시며 그런 일로 농담을 주고받는다니 어디 아픈 것 아니냐며 한심해 하셨다.

어머니들은 그런 것이 문제다. 어머니들에게는 언제나 우리를 '교화' 하려는 경향이 있다. 그러면 우리 같은 사람들은 비행 청소년들이 나오는 프로그램을 어머니가 보란 듯이 보고 있거나 바지를 엉덩이 반쯤 걸리게 해서 입는 방법으로 복수해 드리곤 했다.

어쨌거나 이번 일로 나는 타인의 슬픔과 고통에 대한 공감이 얼마나 소중하고 감사하게 여길 일인지 알게 됐다. 그리고 나 역시 그렇게 타인에게 따뜻한 위로를 해줄 수 있는 사람이 되겠다고 마음을 먹게 됐다. 그리고 나를 위로하려는 어떤 노력도 하지 않은 친구 역시 용서하기로 했다. 결국, 인생은 너무 짧기 때문이다. 하루아침에 고인이 되기도 하셨던 우리 아버지의 경우만 봐도 그렇지 않은가.

제3부

조용한 관찰

　내가 아홉 살이 됐을 때, 우리 가족은 농장이 있는 집에서 형편없는 집으로 이사하게 됐다. 나는 자전거 페달을 밟아 이웃집으로 내달렸다. 나와 같은 아홉 살 소년이 또래의 패거리들과 마을 터줏대감으로서 본때를 보여주기 위해 날 기다리고 있기를 기대하면서 말이다. 하지만 또래 소년 대신 내가 맞닥뜨린 것은 미망인이었던 드래퍼 부인이었다.

　처음에는 뭔가에 속은 기분이었다. 하지만 얼마 뒤부터 그녀가 팝콘 볼이나 쿠키를 갖고 내 앞에 나타날 때면, 나는 내가 바라던 이상적인 어머니 상을 드래퍼 부인이 드러내 보이고 있다는 것을 깨달았다.

　드래퍼 부인을 우리는 그냥 '마우가'라고 불렀는데, 마우가 부인은 그녀의 현관 그네에 앉아 우리 마을과 마을의 예전 모습에 대해 이야기하며 나와 시간을 보냈다. 마우가 부인은 우리가 살고 있는 집이 남북전쟁에 참여했던 퇴역 군인이 자신의 딸에게 선물로 주기

위해 지었던 것이라고 했다. 그리고 우리 집을 1930년대 그 집에 살
았던 사람들의 이름을 따서 '홀로월 하우스' 라고 불렀다.

만약 당신이 마우가 부인의 이야기를 들을 수 있었다면 아마도
지혜로운 여인이 가질 수 있는 통찰력이 어떤 것인지 알 수 있었을
것이다. 마우가 부인은 뭔가를 말하는데 있어 설교하지 않으려 늘
'신중' 했고, 꾸준히 대상을 '관찰' 하려 노력했다.

그런 맥락에서 나도 그때 내가 관찰한 몇 가지를 지금 당신에게
보여주려 한다. 내가 보여주는 것들에서 내가 마우가 부인에게서
발견한 것과 같은 것을 당신이 보게 되면 좋겠다.

1. 식탁

내 취미는 나무로 뭔가를 만드는 것이고, 지난 몇 년간 그 취미 생활을 계속해왔다. 본격적으로 목공예를 시작한 이유는 식탁 하나가 필요할 때쯤 아내가 내게 하나 만들어보는 것이 어떻겠느냐며 은근히 권유했었기 때문이다.

당시 우리는 재정적으로 별로 여유 있는 편이 아니었다. 마침 나는 대학을 졸업하고 대학원 입학을 기다리고 있었기 때문에 시간도 낼 수 있던 터였다. 물론 그 전에 나는 아무것도 만들어본 적이 없었다. 하지만 가족이 함께 모여 있을 수 있는 '식탁'이란 물건은 뭔가 만들기 시작하기에 참 좋은 대상처럼 보였다.

할아버지는 가족들이 쓰는 곳간에 작업실을 하나 갖고 계셨다. 아침이면 나는 종종 그곳에 가서 온열기를 켜놓고는 작업실의 분위기를 익히며 어슬렁거렸다. 할아버지는 1950년부터 한 달에 한 번씩 송곳 압축기에 윤활유를 뿌리고 관리하셨다.

나는 그것이 놓여있는 구석진 자리에서 거의 40년간 꾸준히 기름으로 관리를 받은 기계에서는 어떤 냄새가 나는지 알게 됐다. 나는 대팻밥의 냄새가 어떤 건지도 그 곳에서 알게 됐다. 얼마 뒤에 나는 대팻밥 감별사가 다 되어 소나무 대팻밥과 체리나무 대팻밥의 냄새가 어떻게 다른지도 구별할 수 있게 됐다.

그렇다고 작업실엔 마냥 좋은 향기만 있는 것도 아니었다. 그 작업실에 있던 한 마리 개에게선 퀴퀴하고 뭔가 안 좋은 냄새가 났다. 비유를 하자면 쓰레기로 덮인 8월의 연못에서 나는 냄새 같았다고나 할까.

식탁을 완성하기까지는 2월 한 달이 꼬박 걸렸다. 뚝딱 일을 끝낼 수도 있었지만 바깥엔 겨울의 차가운 바람이 한창일 때 혼자 헛간에 둥지를 틀다시피 틀어박혀 지내는 것이 참 좋았다. 너무나도 기분 좋은 느낌 때문에 그 곳에 내가 그럴 수 있는 한 오래 머물고 싶었다. 그리고 3월이 되어 완성된 식탁을 야외에 있는 나무 아래로 가지고 나갔다.

할아버지는 내게 은 성분으로 테이블의 표면을 매끄럽게 하는 법을 가르쳐 주셨다. 그건 아주 오래 전 장인들만이 알던 기술이어서 나 스스로 어떻게 알 수 있는 방법이 전혀 아니었다.

나는 일주일 동안 그것을 다섯 겹 정도로 나무 위에 바르면서 보

냈다. 제대로 된 가구 하나를 완성하려면 굉장히 오랜 시간이 걸리게 마련이다. 하지만 서두를 필요는 없다. 서두른다면 그 과정에서 뭔가 결점이 노출되게 마련이고, 자칫하면 열심히 일한 과정이 아무것도 아닌 것처럼 의미 없어질 수도 있다.

나무로 뭔가를 만드는 일은 시간이 걸리기 때문에 인내심을 배우기에 좋다. 물론 서둘러 식탁을 만드는 것은 가능하다. 하지만 손자들에게까지 물려줄 수 있는 식탁을 그토록 빨리 만드는 것은 불가능하다.

아내와 나는 식탁을 조심스럽게 담요로 싼 다음 트럭에 실어 집으로 가져왔다. 아내는 그것을 놓을 자리에 함께 두라며 내 이름과 식탁을 만든 날짜가 적혀 있는 놋쇠판을 만들어 줬다. 먼 훗날 내 아이들의 아이들은 식탁 아래에서 재잘대며 놀다가 자신들의 할아버지가 식탁을 직접 만들었다는 걸 알게 될 것이다.

나는 식탁에 어울리는 의자도 사고 싶었다. 하지만 우리는 그 때 충분한 돈이 없었다. 우리는 시간이 날 때마다 중고 가구점을 찾아다니며 눈을 크게 뜨고 살 만한 물건이 있는지 알아보고 다녔다. 정 안 된다면 내가 식탁에 맞는 의자를 만든다면 어떨까 생각해 보기도 했다.

하지만 의자를 만드는 것은 아주 어려운 일인 데다가 시간도 굉장히 많이 걸렸다. 내가 하루 종일 뚝딱거린 끝에 겨우 보잘 것 없는 의자를 하나 만들었을 뿐이다. 그리고 6년간을 중고 가구점을 헤매맨 끝에 아내와 나는 마음에 드는 의자 4개를 발견할 수 있었다. 그때는 상황이 좀 나아져서 우리는 그 의자들을 구입해 집에 가져올 여유가 있었다. 의자들 각각은 자체로도 매우 훌륭한 가구들이었고, 나는 식탁 옆에 그 의자를 놓고 편안히 앉아 잘 익은 옥수수를 맛보고 싶었다.

한참 전에 우리 집을 방문한 내 친구는 우리 집의 식탁을 보더니 어디서 샀느냐고 물었다. 내가 직접 만들었노라고 하자 그와 같은 것을 자신에게 만들어줄 수 있겠느냐고 부탁했다. 하지만 나는 거절했다. 취미는 절대로 직업이 되지 않도록 주의해야 한다고 생각했기 때문이다.

친구는 내게 자신의 집 식탁이 얼마나 볼품없는지 이야기하면서 요즘엔 장인 정신은커녕 겉만 번지르르한 것만 추구하는 가짜 정신이 판을 치고 있다고 개탄했다.

우리는 그런 일은 단지 가구에만 국한되지 않는다는 이야기를 했다. 그건 인생도 마찬가지다. 사람들은 종종 하느님이 자신들을 위해 더 이상 특별한 성인이나 천사들을 만들어주지 않는다며 실망하기도 한다. 하지만 그들은 한 인간의 인생을 아름답고 가치 있는 것으로 만들기 위해 몇 십년간에 걸쳐 이루어지는 하느님의 작업을 이해하지 못하고 있는 것이다. ─ 얼마나 많은 손길과 쓰다듬기, 그리고 정성을 들여야 할 끝손질까지 필요하겠는가. 만일 사람들이 인생의 과정에 대해 조급증을 갖고 서두르게 된다면 그로 인해 언젠가는 인생의 결함들이 분명히 나타날 것이다.

　일주일에 한 번씩 나는 내가 만든 식탁을 레몬오일로 닦아내고 반들거리게 만들어준다. 그렇게 하면서 나는 식탁이 아직도 완전히 완성된 것이 아니라는 것을 매번 깨닫게 된다. 지금도 만들어지는 과정 중에 있는 나 자신처럼 말이다.

2. 텔레비전

내가 한창 자랄 때, 스미스 씨 가족은 우리 집 맞은편에 살았다. 유대인이었던 그들은 텔레비전이 인간 영혼을 망치는 물건이라고 믿었다. 그들은 심지어 텔레비전이 악마로부터 온 물건이라고 말했다. 그리고 그들의 생각을 우리에게 이해시키기 위해 모든 노력을 다 했다.

스미스 씨 가족이 다니는 교회는 링컨 가 위쪽에 있었다. 어느 일요일 밤, 친구와 나는 자전거를 타고 그 쪽으로 갔다가 그 교회 창문 밑에 앉아 있었다. 그리고 그들이 다니는 교회에서는 무슨 일이 벌어지고 있는지 유심히 들었다.

그것은 우리가 세인트 메리 성당에서 들었던 것과는 전혀 다른 소리였다. 그곳에 한 번 다녀온 내 형은 집으로 돌아와서는 사람들이 복도에서 춤을 췄고, 남자들은 기타를 연주하더라고 이야기해줬다.

스미스 씨 가족 말고 텔레비전이 없었던 집은 내 친구 토마스의 집이 유일했다. 토마스의 식구들이 쓰던 텔레비전은 고장이 났었는데, 토마스의 가족은 그걸 다시 구입할 여유가 없었다. 그래서 가족적인 차원에서 고장 난 텔레비전을 갖다 버리고 새로운 것을 사기 위해 저축도 시작했다. 하지만 텔레비전 구입에 필요한 돈을 다 모았을 때쯤 그들은 신형 텔레비전을 구입하는데 돈을 낭비하지 않기로 마음을 고쳐먹었다.

하지만 나는 텔레비전 없이 어떻게 살 수 있을지 상상할 수조차 없었다. 나는 토마스에게 밤 시간에는 뭘 하며 지내는지 물었다. 토마스는 자신과 아내는 책을 읽고, 아이들은 보드 게임을 한다고 했다. 그들이 잠자리에 드는 시간은 저녁 7시였다.

그로부터 얼마 지나지 않아 아내와 나는 가치관 형성에 텔레비전이 얼마나 파괴적인 영향을 줄 수 있는지 다룬 기사를 읽게 됐다. 그 때 우리는 첫째 아이의 출산을 기다리고 있었고 예비부모로서의 마음가짐이 충천해서 텔레비전을 그 자리에서 갖다버렸다. 그런데 우리 집에 텔레비전이 없는 것을 보고 우리가 텔레비전을 살 수 없을 만큼 가난하다고 생각한 내 친구와 부인이 하나 가져다 줬다. 그게 바로 4년 전의 일이다.

할 수 없이 받아들이게 된 텔레비전을 우리는 작은 방에 넣어두고 매주 일요일 밤 당시 가장 인기 있었던 TV 프로그램 시간에만 꺼

내봤다. 나머지 시간에는 책을 읽거나 시골
곳곳으로 드라이브를 나갔다. 그렇지 않
으면 앞 베란다 그네에 앉아 있거나
마을 아이들이 뛰놀고 있는

야외로 나갔다.

나는 텔레비전이 왜 나쁘다고 하는지 이해하기 시작했다. 우리가
처음 텔레비전을 없앴을 때 한동안은 금단증상으로 고생하기도 했
다. 신경은 있는 대로 날카로워졌고, 모든 것에 대해 불평불만을 쏟
아냈다.

하지만 지금의 나는 어떠한 종류의 텔레비전 프로그램에 대해서
도 견딜 수가 없다. 물론 예외가 있을 때도 있다. 하지만 TV 앞에 생
각 없이 앉아 있다 보면 저속한 내용을 담은 오물 한 박스가 내게
퍼부어지는 느낌이 든다.

대부분의 사람들이 같은 생각을 할지는 모르겠다. 많은 사람들은
― 부모 된 사람들로부터 목사들에 이르기까지 ― 여전히 텔레비전
에 대해 여기저기에서 불평하는 것처럼 보이기도 한다. 하지만 다
른 한편으로는 할리우드만이 그들의 모든 행동을 정화시켜주길 바
라고 있는지도 모른다.

그러면서도 폭력은 그칠 줄 모르고, 학교는 좋은 책은 고사하고
직장에 넣을 지원서도 읽을 줄 모르는 학생들을 졸업시키고 있다.
물론 많은 사람들은 텔레비전을 보면서 그 밑에 좋은 책도 가져다
놓을 줄 안다.

이건 그렇게 머리 쓸 일 없이 분명한 해결법이 있는 문제이다. 투덜거리는 것을 멈추고 텔레비전의 플러그를 당장 뽑아라. 그런 다음 작은 골방에 넣어라. 한 주에 한 번 정도는 꼭 봐야 하거나 보고 싶은 프로그램을 보자. 우리가 가슴 깊이 간직해야 할 소중한 가치들을 품게 해주는 좋은 프로그램들도 있기 때문이다.

어느 누구도 우리 머리에 총을 겨누고 있지 않고, "이걸 봐, 아니면 다른 걸 보든가" 강요하지도 않는다. 만일 설마 당신의 아이가 텔레비전 안 보기를 거부한다면 그건 아이들에게 원하는 모든 것을 다 가지거나 할 수 있는 건 아니라는 것을 가르치게 되는 시점의 시작이 될 것이다. 그런데도 아이들이 계속 불평을 쏟아낸다면 그들에게 책을 건네줘라.

만일 아내나 남편이 그런 상황에 대해 야단법석을 떨면서 함께할 수 있는 뭔가를 발견해 차라리 그걸 같이 하자고 강요한다면 그건 보기에 고역인 프로그램을 억지로 보게 하는 것보다 더 강압적으로 느껴질 지도 모른다. 뭐든 너무 어렵게 느껴지게 해서는 안 된다.

텔레비전에 대한 나의 이런 생각이 부끄럽거나 이상하다고 생각하지 않지만 읽는 분들이 지나치다고 생각했다면 양해를 구해야 할 것 같다. 하지만 거의 대부분의 날들을 나는 지적 수준이나 취향이 TV 가이드보다는 깊이 있는 사람을 만나면서 보냈다. 잠재력을 낭비하는 것이 얼마나 끔찍한 일인가.

　스미스 씨 가족은 그들의 마음에 섭리대로 축복이 내려지도록 했고, 결국 그들이 옳았다. 텔레비전은 우리의 영혼을 죽이고, 지능개발에도 별로 좋을 게 없다.

3. 직업

 내가 가진 최초의 직업은 신문 배달이었다. 26명의 고객이 내 관리대상이었지만 내가 신문을 다 돌리려면 2시간이 훌쩍 넘어 걸렸다. 어린 시절의 나는 누군가를 만나면 건강하신지를 묻는 것이 예의라고 배웠다. 문제는 나의 모든 고객들이 나보다 나이가 많았다는 것이었다. 내가 그들에게 '오늘 기분 어떠세요?' 하고 인사를 건네면 그들은 같은 말로 내게 되물을 뿐이었다.

 나는 신문 배달을 3년 동안 했다. 이어 잔디 깎는 일을 하다가 그만 뒀다. 그 외에도 했던 일은 여러 가지다.

 한 번은 눈보라가 몰아친 다음 우리 동네 길 가에 살고 있던 미망인 집의 눈을 치워줬고, 그에 대한 보답으로 20달러를 받은 적이 있었다. 아버지께 그 돈을 보여드리자 아버지는 그 돈을 다시 갖다 주라고 하셨다. 어렵게 혼자 살고 있는 사람의 돈을 받는 것은 옳지 않다는 것이었다. 그런 경험을 통해 나는 또 한 가지 교훈을 배우게 됐다. 그 후 눈이 오면 내가 나가는 대신 작은 동생에게 눈삽을 쥐어 내보냈다.

열여섯 살이 됐을 때는 한여름에 국립공원에서 일하기 위해 집을 떠난 적이 있다. 일주일에 50달러를 벌 수 있었고, 숙박료와 식사비는 공짜였다. 그 곳의 역사기념관을 개조하고 다시 고치는데 여름을 꼬박 보내게 됐다. 나는 그 곳에서 내 첫 번째 여자 친구를 만났다. 그 때부터 난 딱딱한 안전 모자를 쓴 여자 앞에서만은 맥을 못 추는 사람이 되어 버렸다.

집으로 돌아온 이후에는 잡화점에서 일했다. 나는 물건들을 포장하거나 진열대에 보기 좋게 늘어놓는 일을 맡았다. 그 때는 잡화점 매니저가 되기 위해 대학에 진학하고 싶었다. 하지만 아버지는 다시 한 번 생각해 보라며 동의하지 않으셨다. 아버지 말씀은 진로를 선택할 시간이 아직 많이 남아 있고, 잡화점 매니저가 된다고 해도 거금을 벌어들이는 부자가 될 수는 없다는 거였다.

그리고 결국 나는 잡화점 매니저 대신 목회자가 됐다. 그 때 당시에는 아버지가 내 미래와 진로를 그렇게 곁에서 함께 걱정해주신다는 게 기뻤었다.

고등학교를 졸업하고 5년간은 전기설비 회사에 다닌 적이 있다. 그 곳에서 나는 커다란 컴퓨터를 만졌었는데, 그 일을 좋아한 것은 절대 아니었다. 오늘날까지도 나는 내 개인 소유의 컴퓨터를 갖고 있지 않다. 내가 그토록 오랫동안 컴퓨터 일을 했음에도 불구하고 컴퓨터를 별로 좋아하지 않는다고 하면 사람들은 그걸 굉장히 재미있게 생각한다. 컴퓨터는 내가 입력해 넣은 단어 하나하나를 소화하기 위해 쓰디쓴 담즙 같은 걸 기계 안에 갖고 있을 것 같다. 나는 컴퓨터에서 나오는 이런 저런 명령어가 싫다. 그런 명령어들은 부모님들만의 것으로도 충분하기 때문이다.

결혼을 하면서 나는 직장을 그만 뒀다. 그리고 대학에 다니기 시작했다. 대학 생활 중에 나는 역시 다른 여러 종류의 일을 했다. 어느 여름인가에는 고속도로의 일을 얻었는데, 도로를 따라 차에 치어 죽어있는 동물들을 수거하는 것이 내 일이었다. 나는 그 후 다른 일을 얻기 위한 인터뷰를 할 때 항상 내가 그런 일을 했던 것을 언급한다. 뭔가 볼 줄 아는 고용주라면 그런 말을 통해 내가 돈을 벌기 위해서 무슨 일이든 기꺼이 할 준비가 되어 있다는 것을 알 수 있을 테니 말이다.

대학 생활 중에 했던 또 다른 일 중의 하나는 주가 운영하는 교회에서 잠시나마 했던 목회 활동이었다. 목사가 되기 위한 일종의 준비 기간이었다. 그리고 나는 예배가 끝난 뒤면 늘 허기진 마음으로 차 안에 있는 옥수수자루를 찾곤 했다.

하지만 한 달에 한 번은 교회에서 거나한 식사 자리가 마련됐다. 나는 그 곳에 4년간 있었는데 그 동안 20파운드나 몸무게가 불었다. 어느 해 크리스마스에 그 교회 사람들은 내게 손으로 직접 짠 퀼트를 선물했다.

나는 젊은 목회자가 목사가 되기로 결심하
는데 있어서 배를 가득 채우게 하고 침대에 깔
수 있는 정성이 깃든 퀼트, 이보다 더 확실하
고 따뜻한 마음의 인도는 있을 수 없다고 생
각한다.

내 인생에서 너무도 많은 사람들을 만나왔다. 여러 해에 걸쳐 내
가 목사라는 이유로 그들은 영혼의 허울을 벗고 내 앞에 섰었다. 결
과적으로 나는 '좋은 삶을 구성하는 것은 무엇인가'에 대해 어느
정도의 직관력이 생겼다.

그러면서 깨닫게 된 첫 번째는 정말로 당신이 알고 싶은 것이 아
니라면, 그리고 진정한 관심이 담긴 질문이 아니라면 주변 사람들
에게 어떻게 지내고 있는지 묻지 말라는 것이다. 두 번째는 하늘이
선물로 주신 당신의 재능을 이용할 수 있는 직업을 발견하라는 것
이다. 그렇지 않다면 당신은 비참하고 불행한 사람이 될 것이다. 그
것이 하느님의 섭리이다.

나는 경비 일을 하고 있는 한 남자를 알고 있다. 그는 경비 일을
하게 하기 위해 하느님이 자신을 세상에 태어나게 하셨다고 굳게
믿고 있고, 자신의 일을 사랑한다. 물론 많은 돈을 벌고 있지는 못
하지만 그는 내가 알고 있는 가장 행복한 삶을 살고 있는 사람 중에
하나이다. 그는 정말로 열심히 일하고, 아이들을 모두 대학 교육까
지 받게 했다.

그의 아이들은 하나같이 대학에 다니기 위해 대도시로 진출했고,

각자 많은 돈을 벌고 있다. 하지만 그 누구도 자신의 아버지만큼 행복하게 살고 있지는 못하다. 만일 당신이 돈을 따라야 하느냐, 아니면 가슴을 따라야 하느냐 사이에서 하나만 선택해야 하는 순간이 온다면, 그게 어디든 가슴과 함께 가라.

어떤 선택들은 우리 힘으로 도저히 돌이키거나 고쳐질 수 없기도 하다. 직업 때문에 인생을 낭비하면서 영혼을 주름지고 시들게 하는 것이 그런 것 중에 하나가 되게 해서는 안 된다. 하느님이 주신 재능을 활용해 보라. 그저 가슴을 따르면 된다.

4. 눈물을 맛본다는 것

아내와 처음 결혼했을 때 우리는 장의사 집의 오래된 2층에 세 들어 살았다. 그리고 그 장의사는 내가 장례 일을 도와줄 때마다 집세에 대한 스트레스를 경감시켜 줬다. 하지만 장의사와 함께 살던 집은 결국 허물어졌다. 미국이라는 나라에서는 뭔가를 수리하는 것보다는 차라리 허물어버리는 것이 훨씬 마음이 편한 일이다.

우리는 5천 달러를 갖고 오래된 농장으로 이사 갔다. 그 곳은 새들이 쉴 새 없이 지저귀고, 폭 넓고 둥그런 앞 베란다가 있는 집이었다. 그리고 옥수수와 콩이 자라고 있는 500에이커의 밭 한가운데 자리하고 있었다.

집에는 헛간이 딸려 있었고, 닭장은 차고로 쓰였다. 게다가 흡연실도 있었는데 내가 담배를 피지 않기 때문에 아내와 나는 그 곳에 자전거를 넣어두었다. 그 곳에는 헛간에나 있을 수 있는 온갖 종류의 고양이가 모여 들었다. 그들 중 한 마리는 집 앞 스크린 도어를 통해 집 안으로 들어온 적도 있다.

태어난 지 얼마 안 된 아주 작은 고양이 한 마리 때문에 우리는 살림살이를 단단히 정비해야 했다. 아내와 나는 그 고양이에게 한 시인의 이름을 따서 '휘티에' 라는 이름을 붙여주고 맹훈련을 시켰다. 새로 이사 온 집의 원래 주인은 외부의 어떤 것도 집안으로 들여오는 걸 싫어했기 때문에 집주인이 집안의 상태를 확인하기 위해 근처에 나타나면 우리는 휘티에가 혼자 힘으로 어딘가로 숨을 수 있도록 훈련시켰다.

우리 이웃은 '크림린스' 라는 이름의 고양이를 기르고 있었다. 어떻게 그런 이름이 살아 숨 쉬는 존재의 이름이 될 수 있었는지 이야기하려면 사연이 길어질 것이다. 단지 여기서 내가 말할 수 있는 것은 다른 고양이들과 마찬가지로 그 고양이는 주인이 어떤 식으로 자신을 부르건 곧바로 주인 앞에 나타나지 않기는 마찬가지였다는 사실이다.

내가 꼬마 때 길렀던 고양이가 자기를 어떻게 부르느냐에 관계없이 내게 왔을 때는 내가 통조림용 캔 오프너를 들고 있을 때뿐이었다. 하지만 이 부분에서 분명히 짚고 넘어가야 할 것은 휘티에의 턱에 하얀 점이 있다는 것만 빼고는 두 고양이의 겉모습이 거의 같아서 구별하기가 어렵다는 거였다.

그 때까지만 해도 우리는 아이가 없었기 때문에 휘티에를 거의 우리 아이처럼 애지중지하면서 길렀다.

어느 날 아침엔가 욕조에 누워 목욕을 할 때 아내가 이를 악물고 흐느끼고 있는 것을 듣고는 휘티에게 무슨 일인가 일어났다는 것을 금방 알 수 있었다.

바로 집 앞에서 있어서는 안 될 사고가 일어난 것이다. 어떤 자동차가 고양이를 처참하게 치고 지나갔다. 휘티에를 호두나무 밑에 묻는 일은 장의사와 일해본 적 있는 내 몫이었다. 우리 집엔 삽이 없었기 때문에 난 아침 6시에 옆집으로 삽을 빌리러 가 그 집 안주인을 깨울 수밖에 없었다. 크림린스를 기르고 있는 처지에서 그들은 내 마음을 충분히 이해해 주었다.

3일 후에 나는 베란다에 앉아 책을 읽고 있었다. 이웃 중 하나가 잔디 깎는 기계를 빌려가 하루 종일 가져오지 않았기 때문에 그 시간에 할 수 있는 일이 별로 없었다. 그런데 그 순간 갑자기 휘티에가 내 무릎 위로 뛰어 올라왔다. 턱 부근의 하얀 점까지 휘티에가 분명했다.

'휘티에가 부활했다! 할렐루야!

휘티에는 자기가 알고 있는 이들의 집 여기저기를 방문하고 온 모양이었다. 내가 묻은 것은 휘티에가 아닌 크림린스였다.

어떻게 그런 어처구니없는 실수를 저질렀는지 이해하기 어려울 것이다. 간단히 변명을 하자면 이렇다. 어느 누구도 납작하게 깔린 고양이를 처리할 때 외양상의 특징을 찾기 위해 자세히 살피는 일

같은 건 하지 않을 것이다.

　진짜 힘든 일은 그 때부터 시작됐다. 우리 집 호두나무 밑에 묻은 고양이가 이미 살 만큼 산 이웃의 고양이라고 내 입으로 그들에게 말해야 했다. 절대로 그 말을 하면서 천만다행이라고 좋아해서는 안 될 일이었다. 어떤 죽음이든 흐뭇해하며 전하는 것은 말이 안 되기 때문이다. 이런 사실쯤은 내 예전의 집 주인이었던 장의사에게 배워 알고 있었다.

　하지만 어떤 면에서 이번 일은 참을 수 없을 만큼 저절로 배어나오는 흐뭇한 안도감의 미소를 숨길 수 없는 것이었다. 그리고 숨길 수 없는 그런 행동은 이웃에게 내가 무정하고 생각 없는 얼간이라는 인상을 확실하게 각인시켜 줬다. 그들은 크림린스를 생각하며 뚝뚝 떨어지는 눈물을 참지 못했다.

　우리가 가장 개발하고 노력해야 할 부분이지만 또 가장 어려운 일은 누군가에게 감정이입하고 이해하는 것이다. 그 때까지 나는 내가 너무도 비참할 때 다른 사람들이 행복해질 수 있다는 것을 도저히 이해할 수 없었다.

　그리고 한편으로는 다른 사람들이 한 양동이의 눈물을 쏟아내고 있을 때 내가 웃고 있을 수 있다는 것도 이해하기 어려웠다. 때로 그들의 눈물이 내게 어떤 의미나 아픔이 될 수 없음도 마찬가지였다. 우리들 대부분은 자신들의 눈물이 아닌 다른 사람의 눈물을 맛본 적이 없을 것이다. 그러면서 우리는 왜 우리들의 영혼이 나날이 목말라 가는가 궁금해 한다.

지금 내가 간절히 갈망하는 것은 누군가에 대한 진심어린 이해이고, 내 눈물보다는 그들의 눈물을 맛보는 것이다. 그리고 하느님이 '사랑하라' 고 하신 바로 그 이웃을 이해하고 공감하려고 한다. 이웃집 여자가 내게 잔디 깎는 기계를 돌려주거나 돌려주지 않거나에 관계없이 말이다.

5. 자유

친구 아이들의 키가 허리만큼 자라 꼬마 야구단에서 활동하기 시작할 무렵, 나와 아내는 잔디용 의자를 들고 가 땅거미가 길게 내려앉을 때까지 아이들의 야구 경기를 구경하곤 했다. 이 사소해 보이는 야구 경기가 우리 마을에서는 큰 이벤트였다. 셔츠를 맞춰야 했고, 풍선껌 한 뭉치쯤은 기본이었으며, 심판에게 그가 잘못 봤다고 매번 말해야 했다. 그리고 그것은 모두 부모들이 담당해야 할 몫이었다.

어느 금요일 밤, 조안과 나는 5살 먹은 로빈이 타석에 들어서는 것을 보고 있었다. 로빈은 90cm 정도의 키에 15파운드의 무게가 나가는 금발의 아이였다. 그리고 그 날의 심판은 로빈의 아버지였다. 정해진 순번에 따라 로빈의 차례가 되었다. 그는 자신의 작은 소녀가 마치 큰 리그의 선수들처럼 뛰어올라 베이스에 슬라이딩 하는 것을 조심스럽게 지켜보고 있었다.

5년 전만 해도 로빈의 아버지는 열이 펄펄 끓는 그녀를 담요로 감싸고 이 병원 저 병원으로 뛰어다니고 있었다. 그런데 지금, 그랬던 아이가 자라 야구 경기장의 타석에 성큼성큼 걸어 올라와 외야로 뛸 준비를 하고 있는 것이다.

지금 로빈의 아버지는 심판이다. 미스터 '공정한' 씨가 돼야 하는 것이다. '공정한' 씨는 아이를 갖고 있어서도 안 되고, 특별한 취향이나 선호도를 갖고 게임의 승부에 기대하는 것이 있어서는 안 된다. 나는 그를 지켜보고 있었다.

로빈은 그 때까지 공을 쳐본 적이 단 한 번도 없었다. 아이는 항상 1초나 2초 가량 타이밍이 늦었다. 하지만 오늘은 새로운, 전혀 다른 날이었고 무슨 일이 일어날 지는 아무도 알 수 없는 거였다. 로빈의 아버지는 조금씩 평정심을 잃고 응원을 속삭였다. 나는 그의 입술이 움직이는 것을 볼 수 있었다.

"그래, 우리 애기. 넌 할 수 있어. 공에서 눈을 떼지 말아라. 내가 너한테 가르쳐 줬던 걸 기억해."

투수가 공을 던졌고, 로빈이 스윙을 했다. 나무 배트와 가죽 공이 딱 소리를 내며 부딪쳤고, 쭉 뻗은 공이 3루로 가자 로빈의 아버지는 공정함을 잃고 펄쩍 뛰며 소리 지르기 시작했다.

"뛰어라, 우리 애기, 뛰어."

로빈은 그 전에 한 번도 달려본 적이 없었던 것처럼 달리기 시작했다. 마치 그녀의 신발에 로켓을 매달아 놓은 것처럼 빨랐다. 로빈은 투수의 마운드를 지나 첫 번째 베이스를 건너뛰고 곧장 2루 쪽으로 내달리기 시작했다. 뛰는 것에 집중하느라 모든 것을 잊어버린 것이다.

완벽한 소동이 벌어졌다. 2루로 내달린 로빈은 펄쩍 뛰었다 앉았다 했다. 기쁨을 만끽하면서 모두와 하이파이브를 나눴다.

경기장 양 옆의 부모들 역시 펄쩍 뛰었다 앉았다 했다. 어른들은 군데군데 모서리가 접혀있는 책장을 넘기며 심도 있는 논의를 위해 홈에 모였다. 이유야 어찌 됐건 1루를 그냥 지나쳐서는 안 되는 거였다.

얼마 뒤 로빈의 아버지는 강타자로 활약했던 자신의 아이에게로 다가가 아웃을 선언했고, 다른 어른들은 정당한 심판이 이루어진 것에 대해 만족해했다.

요즘 같이 양심이나 정의에 대한 확신이 뚜렷하지 못한 시대에 우리는 자신에게 있어서만큼은 규칙과 같은 것이 예외로 다가와 줬으면 하고 생각한다. 규칙과 룰을 경건하게 엄수하는 것은 한낮에 즐길 수 있는 낮잠의 즐거움을 없애는 것과 같다고 말하기도 한다.

성 어거스틴은 이렇게 말했었다.

"당신의 온 정신과 에너지, 그리고 마음으로 신을 사랑하라. 그리고 당신의 이웃을 당신과 같이 사랑하라. 그리고 난 뒤에 당신이 원하는 것을 구하라."

이것이 사랑이라는 테두리 안에서 행해지는 자유다. 신과 이웃을 사랑하라. 그리고 난 뒤 네가 원하는 무엇이든 해라. 그렇게 한다면 사랑과 기쁨, 그리고 이 둘이 만들어낼 수 있는 모든 종류의 기회가 당신에게 주어질 것이다.

아이러니한 것은 사랑과 규칙 모두가 같은 목표를 갖고 있다는 것 — 사람들이 서로 잘 지낼 수 있도록 도와주는 것 — 이다. 비록 깐깐한 규칙과 같은 것이 뒤에 있다고 하더라도 사랑은 사람들의 가슴을 관통할 수 있다.

나는 무정부주의자가 아니다. 하지만 규칙이란 것은 인생의 어느 한 부분에서 마땅히 차지할 만한 가치가 있는 것이다. 나는 단지 사랑과 기쁨이 모든 곳에서 인도자 역할을 해야 한다고 생각할 뿐이다.

6. 물건에 대하여

할아버지는 우리 집에 일 년에 두 번 정도 오셨다. 나는 할아버지가 걸어서 우리 집까지 오시는데 얼마나 시간이 많이 걸리는지 측정해보면서 할아버지의 건강을 가늠해보곤 했다. 나는 지금의 집에 6년 동안 살고 있었는데, 6년 전에 비해 할아버지가 집에 도착하시는 시간은 배가 걸리게 됐다. 그건 좋은 징조가 아니었다.

할아버지는 집에 들어오시면 주위를 한 번 쭉 둘러보신다. 그리곤 말씀하신다.

"나는 이 집이 정말 좋구나."

비록 할아버지가 우리 집의 가구를 좋아하시는지, 크림색 벽지를 좋아하시는 건지, 아니면 베이지색 카펫을 좋아하시는 건지는 알 수 없었다. 할아버지는 한 번도 명확하게 표현한 일이 없으시기 때문이다.

하지만 나는 할아버지가 어떤 느낌으로 그런 말씀을 하시는지 알고 있었다. 나도 역시 내가 살고 있는 집을 사랑했다. 내가 특히나 좋아한 것은 작은 방들이었다. 그 가운데 방 2개는 우리가 손님을 맞을 때 외에는 쓰지 않고 있었다. 당연히 물건들을 쌓아둘 공간도 많았다.

나는 자질구레한 물건들을 좋아할 뿐더러 그런 것들을 많이 갖는 것도 좋아한다. 내가 청렴함을 먼저 생각하고 간소한 삶을 추구해야 하는 종파의 기독교인이더라도 말이다. 우리는 두 개의 소파와 정말 좋아하는 의자 한 개, 그리고 15개의 다른 의자를 갖고 있었다. 여러분들 중에는 '15개의 의자라니!' 하며 놀랄 사람도 있을 것이다. 하지만 그것도 세탁실에 있는, 면으로 덮어놓은 의자 한 개는 제외한 숫자이다.

거실에 있는 또 다른 의자 한 개는 150년도 더 된 의자였다. 하지만 내가 손님을 맞을 때마다 몸무게가 제일 많이 나가는 손님은 마치 자석에 끌리듯이 그 의자로 향했다. 나는 손님이 우리 집을 떠날 때까지 내가 앉아있는 의자 끄트머리에서 안절부절 못했다. 150년 된 그 의자가 무너지는 순간 손님을 잡아줄 누군가가 필요했기 때문이다.

집안에 있는 15개의 의자 외에도 현관에는 그네가 있었다. 거기에다 잔디밭용 의자 3개와 민속적인 느낌의 의자 2개도 밖에 가져다 놨다. 아내가 마당에서 뭔가를 할 때마다 나는 아내 곁에 앉아서 그녀의 모습을 지켜볼 수 있는 편안한 자리가 필요했기 때문이다.

우리 집에는 3개의 부엌 테이블과 4개의 작은 테이블이 있다. 거기에 3개의 커피 테이블과 2개의 공부 책상, 그리고 더 이상은 쓰지 않는 글쓰기 전용 테이블이 하나 있다. 또 한 개의 타자기와 두 대의 컴퓨터가 있다. 부엌 싱크대의 왼쪽 서랍에는 30여 개가 넘는 펜과 연필이 있다. 그럼에도 불구하고 때로는 생각에 골똘히 잠겨 있다가 나는 뭔가 끄적거릴 수 있는 테이블과 쓸 도구가 더 필요하다고 생각하기도 한다.

차고에는 정원 테이블이 있고, 뭔가를 만들 때 쓰는 테이블은 지하실에 있었다. 지금 안 쓰고 있는 물건의 반은 뭔가로 잘 덮여 있지만 나머지 반은 그렇지 못하기 때문에 내가 그렇게 바쁘지 않을 날을 잡아 그런 물건들을 다 잘 덮어야 한다.

또 나에게는 두 대의 자전거가 있다. 내가 한때나마 타고 다녔던 자전거는 그 중 한 대뿐이다. 아내와 아이들도 자전거를 2대씩 갖고 있다. 조안과 자전거를 함께 타야만 하는 샘만이 한 개를 갖고 있다. 우리는 헬멧도 하나씩 갖고 있다.

이 말인즉슨 우리는 그런 넘쳐나는 물건들을 보관할 공간이 따로 필요하다는 이야기다.

현재 내가 갖고 있는 선반 세트는 여섯 개이다. 그 중 세 개는 지하실에 있었고, 세 개는 차고에 있었다. 그리고 그 공간들은 반쯤 쓰다가 남은 페인트 통들로 채워져 있었다. 페인트 통은 무려 18개나 됐다.

우리는 3개의 접시 세트를 갖고 있다. 지금 쓰고 있는 것은 한 세트뿐이긴 하지만 말이다. 코렐에서 만든 그 제품은 쓰기 시작한 지 12년이나 지나서 조금 질리긴 했지만 그렇다고 누구에게 주거나 버리기에는 너무 아까운 물건이었다. 그 접시 세트는 숙모님이 조안과 나의 결혼식 때 선물해준 것이었다. 아내가 이렇게까지 이 접시 세트를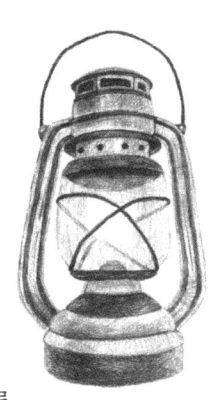
오래 쓸 줄 알았다면 나는 숙모님께 선물에 그렇게까지 감사하는 마음으로 카드를 보내지 않았을 것이다.

우리가 갖고 있는 램프도 11개나 된다. 2개는 캠핑을 갈 때 주로 쓰는 것이고, 한 개는 등유 램프였다. 4개의 손전등이 있었지만 제대로 작동되는 것은 1개뿐이었다. 하지만 그 한 개마저 우리 아들이 어디론가 숨겨놨다가 둔 곳을 잊어버려 못 쓰게 됐다. 할 수 없이 나는 긴 연결선을 찾아 피아노 램프를 빼어 써야 했다.

거기에다 우리에게는 2박스 가득한 양초와 장례식장에서 잔뜩 가져온 성냥들도 있었다. 나는 장례식에서는 필수적으로 성냥을 나눠줘야 한다고 생각한다. 왜냐하면 장례식에 온 사람들은 대부분 담배를 피기 위해 불이 필요했기 때문이다. 확실한 것은 장례식을 진행하는 사람들이 성냥을 나눠줄 때 '건강 챙기세요' 인사를 건네는 것만큼 우리의 건강과 안녕을 걱정하고 있지 않다는 사실이다.

내가 마지막으로 할아버지를 뵈었을 때, 할아버지는 당신께서 돌아가셨을 때 내게 주고 싶은 당신의 물건들에 대해 이야기하셨다.

나는 할아버지가 오래 사시길 바란다. 물론 할아버지께서 주시겠다던 그 물건들을 옮기고 싶은 마음도 없다. 지금 내가 갖고 있는 물건들만 해도 나는 충분했다. 나는 그것들을 건사하는 것만으로도 바빴다.

나의 영혼 또한 쓰지 않으면서 덮개로 덮여있는 그 물건들처럼 덮여 가고 있는 것 같다. 오래된 찬송가 속에는 이런 걸 두고 "물질은 풍요로우나 영혼은 가난해져 간다"고 표현한다.

이런 문제에 대한 해답을 물건들을 다 갖다 버리는 것에서 찾지는 않았다. 할아버지가 돌아가셨을 때 우리는 우리가 시작했던 곳으로 돌아갔다. 그 시점에서 필요했던 것은 우리가 애초에 그 많은 하나하나의 물건들을 왜 필요로 했던가 생각해보는 것이었기 때문이다. 그런 생각을 하는 과정들은 우리에게 매우 행복한 시간을 만들어줬다.

물론 앞으로 우리는 더 많은 물건들을 필요로 할 것이다. 물건에 대한 욕심, 특별히 자신이 좋아하고 소장하기를 원하는 물건에 대한 욕심은 죽을 때까지 버리기 어려운 일이다. 그리고 풍요 속에 먼지로 덮여가는 물건과 영혼을 방치하지 않기 위해 필요한 것은 끊임없는 수양과 단련뿐일 것 같다. 처음 그것을 원했던 마음의 열망과 설렘을 되새기면서 말이다.

7. 내가 지금 서 있는 곳

나는 내 정신력이 얼마나 건강한가에 대해서만큼은 확실한 자부심을 갖고 있었다. 적어도 지금까지 34년 동안 단 한 번의 무너짐도 없었다. 내가 이 말을 하면 아내는 딱 한 번 그런 일이 있었다고 말한다. 그건 우리가 내슈빌에 갔던 어느 가을 토요일이었다.

내슈빌은 간소하고 꾸밈이 없으면서도 자연스러운 아름다움을 갖고 있는 곳이었다. 내슈빌이 디즈니랜드보다 더 많은 방문객을 갖게 된 것은 그 때문이다. 아직까지도 내슈빌은 일 년에 한 번은 방문할 만한 곳이다.

내 생각을 마비시키고 내슈빌로 가는 지름길을 택하게 만든 건 자동차의 기름이 떨어졌기 때문이었다고 생각했다. 우리는 결국 펌킨 센터라고 불리는 작은 마을에 잘못 도착하게 됐다. 그 곳에는 가

스는 물론이고 엘비스 프레슬리를 기억할 수 있는 물건들, 그리고 비디오들을 파는 가게가 있었다.

나는 그 가게에 어디로 가야 할지 방향을 물어보기 위해 들어갔다. 하지만 이것은 아버지가 내게 조언해주신 말씀을 완전히 거스르는 행동이었다. 아버지는 3개 이상의 성을 갖고 있는 사람에게는 길을 묻지 말라고 하셨기 때문이다.

어쨌거나 나는 빌리 밥 클라이드라는, 성이 3개나 되는 사람에게 내슈빌에 어떻게 가는지를 물었다.

"세실 호퍼 쪽으로 넘어가신 다음 오른쪽으로 도세요. 스티커 호치 씨 농장에 다다르면 다시 왼쪽으로 도셔야 합니다. 그리고 나서 내슈빌에 도착하실 때까지 계속 쭉 가시면 됩니다."

지금에서야 나는 왜 어른들이 누군가의 말이 아니라 자동차 계기판에 붙은 나침반에 그토록 집착하는지 알게 됐다.

갖은 고초 끝에 우리는 결국 내슈빌에 도착하게 됐다. 그 곳에 도착해 우리가 가장 먼저 한 일은 약간의 아이스크림을 산 뒤 차에 같이 타고 있던 고양이와 치와와의 안전을 위해 2살 된 아이에게 고무로 된 장난감을 사 주는 일이었다. 아이가 동물들의 머리털을 뽑아버리기 직전까지 예민해져 있었기 때문이다. 나도 있는 대로 지쳐 있는 상태였다. 물어볼 누군가는 없었고, 마음은 불안했다.

나는 다음 날 할아버지를 뵙고 우리의 여행에 대해 말씀드렸다. 할아버지는 '나침반 배급자회' 회원이셨다. 할아버지는 당신이 지금 어디에 있는지, 그리고 어디로 향하고 있는지 정확히 알고 계셨다.

나는 할아버지를 보고 '콜럼버스'라고 부르며 놀리길 좋아했다.

"콜럼버스, 지금 뭘 하고 계시는 거예요?"

할아버지를 곤란하게 만들면 할아버지는 나를 물끄러미 바라보실 뿐이었다. 할아버지는 하느님의 인생을 아시거나 공부하신 분은 아니었지만 결코 길을 잃는 법이 없는 분이셨다. 솔직히 고백하건데 나는 때때로 할아버지와 같은 이웃 어른들이 부러웠다. 그들은 자신이 걸어가야 할 인생의 행로를 어떻게 갈지 본능적으로, 혹은 누구나 가질 수 없는 육감으로 선택하곤 했다. 나는 너무나 많은 시간이 지나가버려 이미 잃어버린 과거에 대해 한탄하면서 사람들이 확신하거나 정확히 알고 있는 것에 대해서도 모르는 채로 지내왔다.

할아버지는 나침반을 지긋이 보시다가 당신이 가야 할 곳으로 거침없이 가셨다. 상황이 변한다고 해서 가야 할 곳이 변한다거나 하는 일은 없었다. 옳은 것은 옳은 것이고, 잘못된 것은 잘못된 것이었다. 예기치 못한 요행이 생기더라도 그것은 원래 가던 곳으로 흘려보내면 되는 일이었다.

나는 그보다는 '좋은 게 좋은 거고 안 되면 할 수 없고' 그런 주의였다. 이런 마음가짐을 갖고 있으면, 특히 목사라는 직업을 갖기에는 문제가 많다. 교회를 찾아오는 사람들은 언제나 우리가 지금 서 있는 곳은 어디이며, 어디로 가야 할지 정확하고 올바른 길로 인도

해주기를 기대한다. 교회의 모임이 있는 날이면 더욱 그렇다. 목사들에 대한 이런 믿음과 신뢰가 어떤 것인지 모르는 것은 아니지만 사람들의 그런 믿음이 내게 특별한 용기를 준다거나 하는 것도 아니었다.

물론 나는 여러분에게 내가 어디에 서 있는지 언젠가는 분명하게 말할 수 있게 될 것이다. 또한 나는 하느님의 은혜를 받는 목사로서 성실함과 고결함을 위해 일하게 될 테지만 한편에서는 어처구니없는 실수를 하기도 하는 인간의 대명사가 될 수도 있을 것이다. 그리고 아이를 위해 책을 읽어주는 아버지의 모습을 대표하기도 할 것이다. 가끔은 날씨 좋은 토요일 오후에도 집안에만 머물고 있는 아버지의 모습을 상징하게 되기도 할 것이다. 그렇게 자연스럽게 인생의 행로를 찾고, 또 따르며 가야 할 곳을 묵묵히 찾아가는 모습으로 말이다.

8. 죽으려 하지 않는 개

개를 키우면서 가장 안 좋은 문제는 개가 사람에 맞춰 타이밍을 잘 맞추지 못한다는 사실이다. 내 친구가 한 때 주인이었던 강아지 '블루' 를 예로 들어보자. 친구 부부는 블루가 오스트레일리아산 목양견이라고 소개했지만 내가 다른 목양견을 알고 있는 것도 아니고, 그걸 확인할 길은 없었다. 하지만 나는 친구의 말을 그대로 믿었다. 그는 모든 면에서 정직하다고 정평이 난 친구였기 때문이다.

블루는 7살이었다. 25살까지 사는 오스트레일리아산 목양견들에 비하면 매우 어린 편에 속했다. 목양견이 25살이라면 사람에게는 125살 정도의 나이에 비견된다. 25살짜리 목양견이 사람과 비교된다면 최장수로 기네스북에 올라갈 참이다.

어리고 똘똘했던 블루는 지난해부터 아프기 시작했다. 암컷이었던 블루의 위가 처음 부어오르기 시작했을 때 내 친구는 블루가 임신한 것이 아닐까 생각했었다. 물론 그 추론은 충분한 근거가 있었다. 친구 부부의 타이밍 절묘한 오해와 맞물려 블루는 이성과 총명함을 잃어갔다.

그들은 블루를 수의사에게 데려갔다. 수의사는 블루가 매우 아프고 곧 죽게 될 것이라고 말했다. 그는 블루를 치료한 뒤 무지막지한 치료비를 청구했다. 그리고 블루를 집으로 데려가 편안히 죽게 하라고 일렀다. 친구 부부는 매우 상심했고, 블루가 스스로 하고 싶은 것을 마음껏 하도록 내버려뒀다.

사실 우리는 아픈 누군가에 대한 지나친 관심으로 사랑하는 누군가를 망칠 수도 있다. 매를 들어야 할 때도 차마 마음이 아파 그러질 못하는 것이다. 아파 누워 있는 아이에게 매를 드는 부모를 보는 것은 매우 드문 일이다.

하지만 이미 내가 말했듯이 대부분의 개들은 타이밍을 못 맞췄고, 블루의 경우도 예외가 아니었다. 6개월만 살 수 있다는 수의사의 시한부 선고에도 불구하고 블루는 계속 살았다. 블루는 죽어가고 있는 모든 개 중에서 내가 본 가장 건강한 개임에 틀림이 없었다.

블루는 너무나 오랫동안 무슨 짓을 하건 애지중지하게 길러진 결과 훈육과 규율에 대한 자율적인 조절능력이 모조리 상실된 상태가 됐다. 블루는 보이는 옷이라면 무엇이든 물어뜯었고, 주인이 뭔가를 시키면 언짢고 귀찮은 표정으로 한 번 돌아볼 뿐이었다. 한 마디로 표현하면 블루는 환영받을 수 있는 기간보다 오래 살고 있는 것이었다. 그런 개와 함께 살고 있는 것은 일주일간 머무르겠다며 도착해 일 년을 머물고 있는 시어머니와 함께 살고 있는 것만큼 곤란한 일이었을 것이다.

친구 부부와 나는 블루에 대해 이야기를 나눈 적이 있다. 그들은 6개월 전만 해도 사랑했던 블루가 죽게 되고, 그렇게 그들 곁을 떠나게 된다는 것에 대해 매우 고통스러워 했었다. 하지만 그들은 계속되는 고통의 나날들에 너무나 지쳐 있었고, 블루가 곧 세상을 떠난다는 어떤 징후를 보여주기를 바라고 있었다.

블루가 죽기 전까지 그들 부부의 인생은 완전히 저당 잡힌 셈이었다. 매일 밤 직접 블루를 개집에 넣어주며 재웠던 것이 버릇이 됐기 때문에 그들은 휴가를 떠날 수도 없었다. 만일 블루가 개집을 못 찾아 헤매다 뛰쳐나가 어느 작은 새장으로 들어가 숨을 거둔 모습으로 지나가는 낯선 사람들에게 둘러싸여 있는 것을 본다면 그들은 남은 생을 괴로워하면서 보내게 될 것임이 틀림없었다.

그들은 집에 붙박이로 지내야 했다. 개들이 타이밍을 못 맞춘다는 것은 이런 면에서 말한 것이다. 고양이들은 그들이 언제 쓰러지고 죽을지 알고 세련되게 행동하면서 타이밍을 맞춰간다. 개들은 그에 비해 둔하고, 사랑하는 주인에게조차 어떠한 힌트도 주지 않는다.

지금 친구 부부는 블루에게 매우 불만도 많고, 화가 난 상태이다. 나는 그들이 어떤 감정을 갖고 있는지 알고 있다. 내가 어렸을 때 내 동생 중의 한 명도 아픈 적이 있다. 거의 죽을 지경으로 아파 우리 모두는 마음을 졸여야 했다. 고비를 넘긴 후 그는 조금씩 나아졌지만 우리 가족 모두가 마음 편히 휴가를 갈 수 있을 만큼은 아니었다. 그것이 나를 미치게 만들었다. 만일 우리 가족 전부의 휴가를 포기하게 했으면 적어도 그가 죽은 상황이었어야 내 마음 속에선 그에 대한 용서가 될 판이었다.

사람들은 때때로 매우 비이성적이고 비합리적인 감정을 겪기도 한다. 여기서 문제는 '기대' 때문에 생기는 것이다. 블루는 정해졌던 시간에 죽지 않으면서 삶과 죽음이 항상 예측 불가능하다는 것을 상기시켜 줬다.

상황은 언제나 우리가 기대하며 믿었던 방향으로 돌아가지 않는다. 부드러운 말과 오랜 대화로 시작됐던 결혼이 악의에 찬 투덜거림과 팽팽한 긴장감 속의 침묵으로 일관된 생활로 전락하고 말 수도 있다. 로켓의 속력과 활력으로 시작했던 일이 인생의 중반에 이르러 갑자기 '바지직' 하며 모든 열정과 에너지를 잃고 재보다도 못한 일로 느껴질 수도 있다.

물론 이런 모든 가능성들은 희망과 미래를 둘러싼 우리의 꿈에 대한 두려움을 만들기에 충분하다는 것을 알고 있다. 하지만 이 반대의 경우도 진실이 된다. 비극이 단 몇 개의 짧은 단어를 거쳐 성공으로 전환될 수 있다. 아브라함과 사라를 생각해 보라. 그들은 어렵게 얻은 하나뿐인 자식 이삭을 바치라는 하느님의 준엄한 명령에 그대로 따르면서 더 큰 복을 받게 됐다.

하느님 나라 안에서 삶은 자연의 변화무쌍함을 느끼는 것이다. 하느님의 은혜가 우리 자신의 무대를 위해 준비되고 있는 순간에도 우리는 종종 인생의 다음 장면이 어떻게 펼쳐질지 미리 보기 위해 헛된 노력을 기울이기도 한다.

미래에 대한 어떤 실마리를 얻었다 해도 어떤 개들은 단지 죽지 않을 뿐이고, 또 어떤 개들은 예상치 못하게 세상과 작별하게 되어 있는 데도 말이다. 시한부 선고를 받고도 지금까지 살고 있는 블루가 있듯이 말이다.

9. 영혼을 길들인다는 것

미국의 젊은 남자들 사이에서 정원 가꾸기가 유행처럼 번지고 있다는 글을 본 적이 있다. 그 기사는 남성들에게도 '양육'에 대한 욕구가 있기 때문에 정원 가꾸기가 유행이 되고 있다는 사회학자의 말을 인용하고 있었다.

그 글을 처음 봤을 때는 남자들이 정원 가꾸기에 정성을 들이는 것은 집안을 깨끗이 청소하라는 아내들의 성화에서 벗어나기 위한 구실이라고 생각했다.

나는 첫째 아이가 태어났을 때 정원 가꾸기에 심취해 있었다. 어찌된 일인지 딱 그 시점에 한 식목회사는 자기 회사의 카탈로그를 마구 보내기 시작했다. 나는 몇 가지 것들을 주문했었지만 딱 한 번 주문했던 걸 얻을 수 있었다. 60개의 은매화 씨앗을 구매했을 때 카탈로그에는 이렇게 쓰여 있었다.

"튼튼하게 살아 숨 쉬는 에메랄드 빛 아름다운 자연의 카펫을 얻을 수 있습니다."

지금 나는 단풍나무 아래 멋들어지게 피어있는 은매화들을 갖고 있다. 그 아름다운 은매화 화단은 식목회사에서 받았던 씨앗으로 공들여 키우다 죽은 은매화들을 버리러 갔다가 마당 구석진 수풀 더미에서 보물처럼 발견하게 됐다. 내가 공들여 가꾸지 않고 무심히 심었던 곳에서 예쁜 꽃들이 피어나고 있었다.

나의 이웃들도 정원을 좋아하기는 마찬가지이다. 그들은 아름다울 뿐 아니라 매우 독특한 매력이 있는 마당을 갖고 있다. 그런데 때로는 우리 집 마당의 민들레 홀씨들이 담장을 타고 그들의 마당으로 넘어가기도 한다. 그런 문제 때문에 이웃들은 내게 민들레들을 없앴으면 좋겠다고 말하기도 했지만, 난 별로 그러고 싶지 않다.

나는 우리 마당이 모든 생명의 존재들이 하나로 융합되고 조화가 되는 하나의 장(場)이라고 생각하면 기분이 좋아진다. 마당이 모든 것을 환영할 수 있는 곳 — 그 어떤 종류의 씨앗들도 우리 마당으로 흘러들어와 자유롭게 숨 쉬고 성장할 수 있기를 바랄 뿐이다.

내가 생각하는 '모두를 받아들일 수 있는 안식처' 란 기독교의 상징인 포용력을 가진 곳이다. 종종 이웃들의 나무에서 떨어진 잎들이 마당으로 넘어 들어오기도 한다. 그리고 이것들을 말없이 그대로 두는 것이 내게 불평하곤 하는 이웃들을 위해 할 수 있는 유일한

일이라고 생각한다.

나는 마당에 두 개의 화단을 갖고 있다. 그 중 하나는 뒷마당 중간쯤에 있다. 원래 뒷마당 가운데에는 우리가 그 집으로 이사 오기 바로 직전에 생긴 아주 커다랗게 패인 구덩이가 하나 있었다. 전 주인은 그 곳에 모래를 한가득 가져와 채워 넣었다. 이 말은 곧 이웃 고양이들이 처리하는 모든 쓰레기를 담는 커다란 쓰레기통 하나가 우리 마당에 생겼다는 것이나 마찬가지였다. 주변의 고양이들은 별별 쓰레기들을 물고 와 그 곳에 던져 넣었다.

그래서 나는 작은 조약돌들로 구덩이 주위에 경계를 만든 뒤 비옥한 흙들을 가져와 구덩이를 다시 메우고 그 옆에 작은 나무 한 그루와 여러 종류의 꽃들을 심었다. 지금 그 곳은 매우 사랑스럽고 아름다운 화단이 돼서 고양이들이 자기 친구들을 데려와 즐겁게 놀다 가는 장소가 됐다.

또 다른 화단은 정원에 만들 수 있는 최고의 것이라는 생각이 들 정도의 것이다. 처음 그 화단을 마련하면서 나는 레이스가 달린 커튼이 7월의 잔잔한 바람 속에 하늘거리고 진흙으로 빚은 오래된 항아리 안에 들꽃들이 넘치도록 꽂혀있는 모습을 상상하며 가슴이 두근거렸었다.

공들여 가꿨던 정원이었지만 첫 여름을 잘 나지 못했다. 그 뒤 나는 수풀 속에서 일어나는 화재가 어떻게 야생화들과 덤불을 짙푸르도록 우거지게 하는지를 다룬 기사를 읽게 됐다. 그걸 읽은 뒤 실행에 옮기기 위해 정원에 불을 질렀다. 불은 소나무와 정원의 헛간까지 다 태워버렸다. 지금에야 비로소 나는 사람들이 정원 가꾸기가 왜 돈이 많이 든다고 하는지 이해할 수 있게 됐다. 불을 질렀던 효과였는지는 모르지만 두 번째 여름이 되자 꽃들과 수풀들은 놀라울 정도로 울창한 정원을 만들어냈다.

정원이 절정에 이르렀을 때, 나는 그들을 손질하면서 몇몇은 잘라서 안으로 들여왔다. 지하실에서 진흙으로 빚은 꽃병을 꺼내와 꺾어온 꽃들을 꽂고, 창문을 열어 커튼의 레이스들도 바람에 날리게 했다. 내가 그토록 바라던 잡지에서 본 그대로의 모습이었다.

하지만 다음 날 아침 잠자리에서 일어나고 보니 싱싱하게 빛을 발하던 꽃들은 시들고 볼품없게 죽어가고 있었다. 정원에서 뿌리를 온전히 간직한 채 살아있는 본래대로의 활기를 잃고 있었다.

누군가 우리에게 '꺾여진 꽃들의 세상' 에 살고 있다고 말하는 것을 들은 적이 있다. 우리는 여러 가지 것들에 대해 그들이 생명의 원천으로 삼는 것들로부터 떼어내거나 절단시킨 뒤 그들이 계속 번성하면서 커나가기를 기대한다.

마찬가지로 우리는 우리 자신을 하느님으로부터 격리시킨 뒤 인생의 좌표가 흐려지고 시들어갈 때마다 방황하곤 한다. 그리고 아주 많은 시간을 세상의 덧없는 것들을 찾고 좇는데 쓰면서 막상 성스러운 보물이 다가와도 파산 직전의 상태가 되어 쓰러져 있느라 잡지 못한다.

우리는 늘 기쁨과 아름다움을 원한다. 그러면서도 그런 소중한 것들을 주시는 하느님과 지속적인 유대관계를 갖고 있지 않고 있다. 그렇기 때문에 우리는 끊임없이 뭔가를 찾아다니면서도 아무것도 갖고 있지 못한 손과 텅 비어 공허해진 가슴으로 살게 되는 것이다.

만일 우리가 찾고 있는 것이 생명력 있게 지속되는 아름다움이라면 여기저기에서 꽃을 꺾으러 다니고, 당장의 모습을 위해 치장하는 일은 필요 없다. 마당을 정성들여 가꾸는 시간만큼 우리의 영혼을 가꾸는데 보내면 되는 것이다. 그것은 바로 기도의 힘이다.

10. 모색과 발견

내 아버지는 남자 중의 남자이신 데다가 어느 자리에서나 리더 역할을 하시는 분이다. 때문에 그 곳이 어디든 조언이나 지도가 필요할 때면 아버지의 전화벨이 울렸다. 덴빌의 버섯 협회도 지도자의 힘이 필요했을 때 아버지를 찾았다. 그들은 이제는 쉽게 찾을 수 없는 '노다지버섯'이 거의 전멸 상태에 있다고 느끼고 위기의식을 갖고 있었다.

"선생님이 우리의 지도자이자 모범이 되어 주셔야겠습니다. 모두가 선생님을 존경합니다. 사람들은 조언을 얻기 위해 선생님을 찾습니다. 이번에는 저희 모두가 선생님을 뵙길 원합니다."

그들은 이렇게 말했었다. 그리고 바로 그 주에 아버지를 위한 지명이 이루어졌고, 선거가 실시됐다. 5대 0. 누가 봐도 명백한 압도

적인 승리였다.

그들은 금요일 저녁에 오두막을 향해 떠났다. 가는 길에 어린 제자 디모데를 위한 사도 바울의 충고에 따르는 차원에서 와인을 구입했다. 사도 바울은 질병이 있는 디모데에게 물만 마시지 말고 포도주를 마시라고 권한 적이 있었다.

아버지는 다음 날 새벽 4시 30분에 일어나셨다. 자신에게 중요한 것이 어떤 것인지 헤아릴 줄 아는 버섯 채취자라면 누구든지 노다지버섯을 가장 좋은 상태로 따기 위해서는 이른 아침일수록 좋다는 것을 알고 있게 마련이다. 일단 해가 뜨고 나면 노다지버섯은 특유의 생기와 매력을 잃어버린다. 야행성 식물처럼 밤에 활성화되는 버섯이기 때문이다.

태양의 빛이 미처 따지 못한 노다지버섯과 맞닥뜨리는 순간 버섯과 당신의 게임은 끝나버리게 된다. 하지만 당신이 아직 가시지 않은 아침 이슬에 촉촉하게 젖어있는 노다지버섯을 발견하고, 그것을 따서 소금기 있는 차가운 물에 담근다면 그 어디에도 비교할 수 없는 맛을 즐길 수 있게 될 것이다. 물론 그러기 위해선 사전에 철저한 계획과 준비가 필요하다.

버섯 채취자들이 저지르기 쉬운 첫 번째 실수는 채취를 위한 계획에서 실패하는 것이다. 다행히도 아버지는 준비에 대한 개념이 명확하신 분이셨다.

"무엇보다도 먼저 우리에게 필요한 것은 앞으로 나아가야 할 방향을 정해 강령으로 하는 일입니다. 모든 조직이나 단체는 가장 중

요하게 여겨야 할 덕목에 대해 만든 한 가지
정도의 강령을 갖고 있게 마련입니다. 난
'항상 열정으로 충실하자' 나 '언제나 성실
하게' 정도가 좋을 것 같은데…"

아버지는 해병대 영화 같은 것을 너무 많이 보셨
던 것 같다. 그들은 또 다시 투표에 들어갔다. 만장일치. 단 한 사람
도 반대하지 않았다. 그 자리에 있었던 대부분의 사람들이 사도 바
울의 전례를 따른다며 전날 밤 포도주를 과음해 두뇌회전이 잠깐
마비됐던 거라고 생각할 수밖에 없다.

아침을 먹은 뒤 그들은 숲속으로 들어갔다. 버섯을 사랑하는 사
람들이 찾는 일종의 성배와 같은 노다지버섯은 웬만해서는 찾기가
힘든 희귀종이다. 하지만 한 번이라도 노다지버섯의 맛을 본 아이
들이라야 어른으로 자랄 수 있지 않을까 하는 생각이 들 정도로 노
다지버섯은 기가 막힌 맛을 갖고 있다. 노다지버섯을 찾아 숲 속을
헤매본 일이 있는 아이라면 그 때의 동경과 갈망이 그들의 성장기
동안 꿈속에서 발현될지도 모를 일이다.

아버지와 버섯 채취자들은 첫 날엔 소득이 없었다. 그 다음 날도
마찬가지였다. 그들은 약간의 노다지버섯을 얻어 집으로 돌아올 수
밖에 없었다.

버섯 협회의 수장으로서 아버지는 일주일 안으로 긴급회의를 소
집할 수밖에 없었다. 아버지는 책임자 자리에 앉아 왜 버섯을 그것
밖에 채집할 수 없었는지 고민하기 시작하셨다. 모임의 한 멤버가

아이디어 하나를 냈다.

"다음에는 눈이 땅에서 걷혔을 때 나가 보도록 하죠."

"내 생각에는 우리가 새로운 비전의 강령을 갖는 것이 좋을 것 같습니다. 여러분들이 할 수 있는 건 새롭고 더 좋은 강령에 대한 의견을 내는 것입니다. '언제나 탐구하라' 가 어떻습니까?"

아버지는 라틴 아메리카를 다룬 영화를 몇 편 보시더니 자신이 라틴 아메리카에 대해 많은 것을 알게 되셨다고 생각하신 모양이었다.

그들이 감동하며 말했다.

"훌륭합니다, 선생님. 그 뜻이 뭡니까?"

아버지가 말을 이으셨다.

"네, 이건 라틴어입니다. 이 말의 숨은 의미는 '언제나 찾아 나서라, 비록 발견하지 못할지라도' 입니다."

그것이야말로 버섯 채취자들이 신조로 여길 만한 말이었다. 투표 결과는 당연히 만장일치였다. 성경에 보면 '두드려라, 그러면 열릴 것이다' 라는 말이 있다. 나는 이 말을 사실로 증명한 몇몇 사람들을 알고 있다. 노다지버섯을 찾아 나선 몇몇 어린 아이들이 그랬던 것처럼 그들도 가능성을 두드리다 신성한 것들을 발견하게 됐다.

하지만 그런 행복한 발견자들 가운데 이미 지쳐버린 상태로 뭔가를 갈구해왔던 사람들을 만난 적 있다. 평생이란 긴 시간을 신에 대한 탐색으로 그들의 손마디를 꽉 모은 채 지냈던 사람들이다. 때때로 그들은 자신들의 상황에 대해 내게 이야기하러 찾아오기도 한다. 그리고 그들은 교회의 흔들의자에 주저앉아 왜 하느님은 자신의 고난에 대한 질문과 간구에 대해 침묵하고 계시는지 묻는다.

그럴 때면 나는 그저 바라보는 것 외에 무슨 말을 해 주어야 할지 모르겠다. 하느님은 단지 하느님의 보폭 대로 걷고 계신 것일 뿐이고, 하실 일의 순서에 따라 시간을 두고 하고 계신 것이다.

나도 때로는 좋은 일들이 쉽게 오기도 한다는 것을 지적하기도 한다. 하지만 종종 있는 일은 아니다. 그보다 뭔가를 발견한다는 것은 '실망' 과 '낙담' 이라는 가치에 맞설 수 있는 '인내' 라는 덕목과 밀접한 관련이 있는 것 같다. 그리고 인생의 시간들을 뭔가를 발견할 수 있는 기회를 늘이는 것으로 계획하는 것이 중요하다.

나는 이런 것들을 성경에서 배우지 않았다. '발견' 과 관련된 나의 생각들은 아버지로부터 배우게 된 것이다. 아버지는 성배를 찾아 나서면서 빛이 안 드는 숲 속을 터벅거리고 헤매시며 이런 것들을 직접 알게 되셨기 때문이다. 비록 강령이 더 앞서는 경우가 많았던 아버지였더라도 말이다.

11. 운동

하루의 대부분을 앉아서 보내게 되는 생활 스타일의 결과로 생각되지만 현대인의 73% 정도가 과체중 증상을 겪고 있다. 여기서 이렇게 글을 쓰고 있는 나만 해도 책상에 앉기 위해서는 벨트를 느슨하게 하고 바지의 스냅을 풀어야만 한다. 지난 6년간 내 허리둘레는 3인치나 증가했으며, 몸무게는 15파운드나 늘었다.

대부분 복부에 집중된 이 비만 증상으로 내 몸의 모양은 흡사 뱀과 비슷한 모양이 됐다. 그냥 길게 빠진 뱀이 아니라 작은 포유류를 삼키고 난 뒤 다 소화를 시키지 못해 몸 가운데가 부풀어 오른 보아 뱀 말이다.

그나마 다행인 것은 내 아내는 '아직' 과체중이 아니라는 점이다. 나는 간절하고 또 간절하게 아내만은 그렇게 되지 않기를 바라고 있다. 만일 아내까지 과체중이 된다면 아내는 내 접시 위에 음식을 가득 쌓아놓고 "먹어요, 먹어, 먹는 게 남는 거야" 하며 식욕을 북돋울 것이다. 그렇다고 아내가 늘씬한 상태에서라면 몸에 착 달라붙는 옷을 입고 나풀거리듯 내 주위를 돌며 운동을 하라고 종용할 것이다. 아내가 지금처럼 지나치게 날씬하지도 뚱뚱하지도 않은 것이 가장 좋은 것 같다.

내가 좀 더 젊었을 때만 해도 나는 근육을 키우기 위한 운동을 많이 했다. 탄탄한 근육질의 몸매는 젊은 여성들에게 충분히 매력적인 요소로 작용하기 때문이다. 젊은 남성들이 근육질의 몸매를 위해 노력하는 것은 인간 세계에만 국한되는 것이 아니다. 동물들의 세계에서도 젊은 수컷들에게 외양은 중요하다. 맹수들은 용맹한 모습을 뽐내기 위해 일부러 동료들을 피를 흘릴 때까지 잔혹하게 공격하기도 하고, 공작새는 암컷보다 더 아름다운 깃털을 자랑한다. 그리고 실제로 수컷의 외양이나 이미지가 그들만의 세계에서 중요하게 취급되기도 한다. 믿거나 말거나 그즈음의 내가 어디를 가든 젊은 아가씨들이 내 뒤를 졸졸 따라다니기도 했었다.

어쨌거나 나는 결혼을 하고 나서 운동을 그만 뒀다. 책을 읽는 독자라면 이 대목에서 이렇게 생각할 것이다. '젊은 여자들에게 잘 보이기 위해 근육 운동을 했다더니 결혼하고 나서는 짝을 찾았다는 안도감에 열심히 운동을 해 매력적인 몸매를 가꿔야 할 필요성을 못 느꼈던 것이겠지…'

여러분의 짐작이 맞았다. 나는 이후 12년 동안 조깅 슈즈를 신고

달리기를 하거나 역기를 들어본 적이 단 한 번도 없었다. 그동안 나는 아이를 갖게 됐다. 의사들은 아이들의 양육기간에는 부모들의 몸무게가 늘어난다는 주장을 해왔다. 그 말은 사실이다. 나는 내 아이들이 태어난 이후로 10파운드나 늘었다.

35살이 되던 해 겨울, 나는 운동을 다시 시작했다. 이번 운동은 아내의 강력한 권고로 시작하게 됐다. 아내는 내 몸무게가 그 상태로 계속 간다면 70번째 생일을 맞을 때쯤이면 475파운드의 살을 부여잡고 케이크의 촛불을 끄게 될 것이라는 위협적인 말을 했다. 그래서 그 때부터 나는 일주일에 3번 지하실로 내려가 기린의 목을 닮은 기계 위에 올라가 웨이트 트레이닝을 했다. 점차 아령 같은 것들도 들었다.

한 달이 지나자 알통 같은 것이 생겼다. 그렇게 운동을 시작하면서는 운동이 끝나면 곧장 위층으로 올라가서 3조각의 베이컨과 설탕 약간, 그리고 계피 빵을 먹었다. 거기에 체력단련과 근육강화에 중요한 비타민과 적당한 영양소들을 챙겨 먹었다.

운동이란 적어도 내가 생각하는 바로는 결코 재미있는 것이 아니다. 운동을 열렬히 지지하는 사람들은 운동을 끝내고 난 뒤에 오는 흥분감이나 희열이 얼마나 대단한 것인지를 경건한 톤으로 역설하곤 한다. 하지만 내가 운동을 하면서 느끼는 것은 몸 구석구석의 근질거림과 범벅이 되는 땀, 그리고 통증 정도이다. 운동이란 우리가 생활의 편리를 위한 노동 절감 때문에 고안된 여러 가지 도구들에 지불되는 일종의 비용과 같은 것이 아닐까 생각한다.

우리 선조들은 땔감 같은 것을 직접 손으로 자르고 숲 속을 찾아 헤매며 식량을 구하러 다녔다. 때때로 그들의 먹잇감이 될 것들이 선조들을 추격해 맹렬히 도망쳐야 할 때도 있었다. 과거 인간들의 삶이란 지금보다 훨씬 더 다이내믹하고 흥미진진했을 것이다. 그리고 분명 과거의 사람들은 항상 더 많은 에너지를 소비해야 했기 때문에 현대인들보다 날씬한 몸을 갖고 있었을 것이다. 카메라가 없던 시절이니 사진을 찍을 일도 없었겠지만 그 때의 사람들에게는 현대인들이 숨 막히는 코르셋으로 답답해하다가 사진이라도 찍게 됐을 때만 겨우 방긋 웃는 일 같은 것도 없었을 것이다.

운동을 좋아하는 사람들에게 일어난 최악의 일은 아마도 짐 픽스가 사망한 일일 것이다. 그를 기억하는 사람들이 있을까? 그는 수많은 시간을 조깅으로 보내고 전국 각지를 돌아다니며 운동의 중요성을 설파했다. 그러던 어느 날 그는 심장마비로 갑자기 사망해 버렸다. 그의 주치의는 그가 운동을 그렇게 꾸준히 해오지 않았다면 10년쯤 전에 사망했을지 모른다고 말했다.

이런 종류의 말은 운동을 꾸준히 해온 독자들이 의사들에게 듣기를 바라는 말일 것이다. 하지만 나는 그 의사가 이렇게 말해주길 기대하고 있었다. "만약 짐 픽스가 집에 얌전히 틀어박혀서 TV를 시청하며 맛있는 아이스크림을 먹고 있었다면 그는 지금까지 살아있을 것입니다" 라고 말이다.

성경에도 운동에 관한 이야기가 있다. 사도 바울은 전도여행을 통해 보통 사람으로서는 감당하기 힘든 운동량을 소화했던 것으로 보인다. 또한 그는 신앙인으로서의 믿음에 대해 뚜렷한 목표지점을 가지고 재촉해 가며 레이스를 달리는 것처럼 표현한 적이 있다. 그런 표현들 속에서 사도 바울이 운동을 무척 좋아하는 사람이라는 인상을 받은 것은 아니다. 하지만 분명한 것은 성경 속에 운동에 관한 언급이 있다는 것은 신앙인으로서의 생활에는 특별한 노동이 필요하다는 것을 말하기 위해서가 아니라 규칙이나 규약, 그리고 하느님에 대한 끝없는 갈망을 강조하기 위해서라는 것이다.

오늘날 신앙에 관한 많은 이야기들은 하느님의 은혜, 그 분이 우리를 얼마나 사랑하시고 많은 죄를 용서해 주시는지에 관해 다루고 있다. 나도 그런 이야기들에 감화 받고, 믿음을 지켜가기도 한다. 그리고 내가 믿고 있는 또 한 가지는 우리가 하느님의 은혜로 살아가는 동안이라면 매일 일정량의 '영혼의 운동'을 해나가는 것이 저절로 지켜지리라는 것이다.

하느님께 열심히 기도를 하느라 많은 시간을 보내다보면 정작 운동할 시간이 나지 않아 "운동 좀 해요!"라는 아내의 잔소리에도 아랑곳 않을 수 있는 든든한 핑계가 생길 수도 있지 않은가 말이다.

12. 비참함에서 즐거움으로

2년마다 한 번씩 우리는 교회에서 중고품 바자회를 열어왔다. 이번 바자회는 지난 마지막 중고품 세일에 대한 기억을 그리워하면서 개최된 것이었다. 지난 바자회 때는 한 미망인에게 지원이 필요했었고, 만남의 집도 보수를 위한 공사비용이 필요했었다. 당시 우리는 보물을 발굴하는 심정으로 옷장을 뒤지고 다녔다.

아내와 나는 바자회에 많은 것을 기부하지 못했다. 우리가 갖고 있던 물건들은 대부분 교회의 친구들이 선물로 준 것들이기 때문이다. 어떤 사람이라도 크리스마스 때 30달러나 주고 구입해 선물했던 성모 마리아 상이나 아이들 쿠키 보관병이 몇 달 후에 75센트로 팔리고 있는 것을 보면 끓어오르는 화를 참을 수 없을 것이다.

마지막 바자회가 있기 바로 전, 나는 얼마나 많은 장난감들이 아이들에게 나쁜 영향을 끼치는지에 대한 기사를 읽은 적이 있다. 나는 장난감은 아이들뿐 아니라 부모들에게도 마찬가지로 나쁜 영향을 준다는 것을 안다. — 아내는 아이들의 장난감 상자를 운반하다 분에 못 이겨 핸드백을 내동댕이친 적도 있으니 말이다. 아내와 나는 아이들의 장난감을 바자회에 내다 팔기로 결정했다. 그래서 아이들이 모두 잠든 후까지 기다렸다가 아이들이 한동안 갖고 놀지 않는 장난감들을 모두 모아 교회에 가져다줬다. 그리고 우리는 그것이 얼마나 현명한 결정인지 스스로에게 감탄했었다.

일이 잘못되기 시작한 것은 그 이후부터다. 우리는 아이들을 바자회로 데려갔다. 교회에서 물건을 팔고 있던 부인들은 굉장히 엄격하게 바자회 거래를 관리하고 있었고, 우리는 울고 있는 우리 아이들 앞에서 우리가 물건을 구입했던 가격 그대로 모두 지불하면서 그 장난감들을 되찾아왔다.

바자회에 머무는 동안 우리는 몇 가지 물건을 더 구입했다. 1950년대의 토스트기를 발견한 것은 큰 수확이었다. 그 오래된 토스트기는 우리가 지난 해 월마트에서 구입한 토스트기보다 훨씬 잘 작동됐다. 우리는 월마트 토스트기는 내년 바자회에 내놓기로 하고, 그 토스트기를 구입했다. 거기에다 케이크용 그릇도 같이 구입했다. 우리는 케이크를 만들지는 않지만 그냥 지나쳐 버리기엔 너무 아까운 그릇이었기 때문이다.

누군가는 당시에 유행했던 헤어드라이어기를 바자회에 내놨다.

우리는 그것도 구입했다. 하지만 막상 스위치를 켜고 작동시키자 거친 바람이 불어오기 시작하더니 내 머리카락이 사정없이 잘려나가기 시작했다. 물론 헤어드라이어기 박스에는 이렇게 씌어 있었다.

"TV에서 본 대로 작동됩니다."

하지만 TV에서 보여주지 않은 것이 또 하나 있다면 헤어드라이어기가 작동되면서 들리는 소리에 3살 먹은 아이가 울면서 괴성을 지르는 모습일 것이다.

물건을 파는 사람은, 새 제품은 75달러나 하지만 '딱 한 번 사용했다'는 이유로 5달러에 살 수 있는 거라고 강조했다. 하지만 잘린 머리카락을 자연스럽게 만들기 위해 이발소에 가서 지불한 돈이 10달러 추가됐다.

교회의 또 다른 남자는 아령 세트를 기증했다. 그 세트도 사면 어떨까 잠시 고민했던 제품이다. 왜냐하면 아내가 내게 운동 프로그램을 시작해보는 것이 어떻겠느냐며 끊임없이 이야기하고 있던 차였기 때문이다. 하지만 나는 내 몸매가 굉장히 좋다고 생각하고 있었다. 그 세트는 10달러에 팔고 있었는데, 지금 생각하면 그 때 그 물건을 샀었어야 했다. 하지만 나는 교회 여성들 그 누구에게도 그것을 달라고 말할 용기가 없었다.

우리는 주방에 있던 의자들을 팔았다. 교회 여성들 가운데 한 사람은 내가 에이브러햄 링컨이 소유했던, 가치를 따질 수 없는 고가구라고 의자에 대한 설명을 마치자마자 잽싸게 구입했다. 하지만

실제로 우리 부부는 그 의자를 막 결혼했을 때 중고품 가게에서 구입했었다. 그리고 한 주 전에 고가구 전문점에서 한 세트의 의자를 구입한 이후 더 이상은 쓰지 않는 물건이었다.

우리가 새로 구입한 의자 세트에 대해서만큼은 '진짜' 거래가 이루어졌다고 자부한다. 그 의자는 미국의 초대 대통령인 조지 워싱턴이 소유했던 것이었다. 가게 주인은 '하늘에 걸고' 그 사실을 보증하겠다고 말했다. 우리는 그 말을 철석같이 믿고 의자를 구입했다.

이번 바자회를 통해서 교회는 800달러를 벌었다. 하지만 바자회 기간 동안 우리에게 제안된 가장 멋진 거래는 한 여성 신도가 우리가 더 이상의 중고 바자회를 열지 않겠다고 약속한다면 800달러를 기부하겠다는 것이었다. 돈이 많았던 그녀는 바자회 행사가 귀찮고 거추장스럽다고 생각했던 모양이었다.

하지만 나는 바자회야말로 교회의 영혼을 위해 벌일 수 있는 향기 있는 일 중의 하나라고 생각한다. 다양한 사람들이 한데 모여 가격을 매기고 물건을 분류하며 지난해의 서로 간의 불화와 갈등을 녹여버리니 말이다. 뭔가를 함께 준비하고 판매한다는 것은 마치 슬픔을 나누면 든든한 우정과 애정이 생기듯 사람들에게 동질감을 가져다주는 것 같다.

성경에는 슬픔과 비참함을 사람들과 함께 나누는 과정을 통해 고통이 기쁨으로 바뀌는 이야기들로 가득 차 있다. 고통 안에서 믿음과 신뢰를 키워내는 일이 하느님을 위해 당신이 할 수 있는 일이다. 그렇게만 된다면 여러분은 외부로부터 어떤 슬픔과 비탄이 있을지라도 내부에서 터져 나오는 기쁨으로 충만한 마음을 갖게 될 수 있다. 모든 사람들이 한 자리에 모여 희로애락을 나누는 교회의 바자회를 좋아하는 것은 내게 당연하고 자연스러운 일일 수밖에 없다.

13. 목록표 만들기

바로 얼마 전, 35세 생일을 하루 앞두고 읽은 잡지 기사가 나를 놀라게 했다. 그 기사에서 말하기를 중년의 시작은 35세부터라는 것이다. 나는 그 기사가 지시하는 대로 자가 테스트를 해봤다. 물론 그 테스트는 내가 점차 나이를 먹어가고 있다는 것을 말해줄 것이므로 구태여 그런 수고를 들일 필요는 없었지만 말이다.

노화의 징후는 3가지로 압축됐다. 나는 뭔가를 읽을 때면 안경이 필요했다. 그리고 어느 날엔가 음악을 크게 틀어놓고 있는 10대를 향해 볼륨을 줄여줄 수는 없겠느냐고 요청하고 있는 나 자신을 발견하게 됐다. 점점 빠지는 머리카락에 대한 고민이 시작됨과 동시에 코털은 점점 늘어나게 됐다. 내 친구 중 하나는 내게 콧바람이 너무 세서 그런 게 아니냐며 은근히 스트레스를 주기까지 했다.

이렇게 눈에 띄게 나타나는 노화 징후들에도
불구하고 나이를 먹는 것에는 내가 미처 생각
하지 못했던 확실한 이점도 있었고, 스스로 나
이든 축에 속했다는 생각으로 얻을 수 있는
만족감도 있었다.

내가 젊었을 때는 이미 알려진, 세상이 강요하는 생각이나 관념
들에 의해서 나 자신을 소진하는 느낌이 강했었다. 나는 큰 도시의
대형 교회에서 이름을 날리는 유명한 목사가 되기를 갈망하고 또
갈망했다. 하지만 나는 그 갈망을 현실화 하는 대신 큰 도시 안의
작은 교회에서 많은 친구들을 갖고 있는 목사가 됐다. 그리고 이제
나는 때로는 우리가 갈망하고 원하며 필요하다고 생각했던 많은 것
들이 실제로는 별로 중요하지 않다는 것을 알게 됐다.

인생의 중반에 이르러 내가 감사하는 다른 하나는 안정기에 접어
든 결혼생활이다. 조안과 내가 결혼한 지 얼마 안 됐을 때 우리는
수없이 다투고 싸웠다. 하지만 두 아이를 가진 부부로서 결혼 12년
차에 접어든 요즘은 싸우는 일이 없다. 그 이유 중 가장 큰 것은 우
리가 이미 부부싸움에는 이력이 날 대로 났기 때문이기도 하고, 우
리가 생각하는 우선순위라는 것이 변했기 때문이기도 하다.

신혼 때만 해도 자기의 '권리'에 대해 더 민감하게 반응했던 조
안과 나는 이제 상대방과 가족에 대한 책임감을 더 크게 생각하게
됐다. '관계'라는 것이 어떤 것인지에 대해서는 나 자신도 여전히
확실히 말할 수는 없지만 말이다. 앞으로 12년의 세월이 더 흐른다

면 알 수 있게 될까.

나이를 먹으면서 '행복'에 대한 내 생각도 바뀌었다. 예전에는 새 가구를 만들거나 들여놓는 일이 내게 가장 행복한 일이었다. 하지만 지금은 아이들 모두가 건강하고, 조안과 내가 매일 밤 함께 잠드는 일이 더 이상 좋을 수 없는 나의 행복이 됐다. 물론 매일 매일의 만족감이라는 것이 다를 수밖에 없고, 시간이 지나면서 그것이 작게 느껴지더라도 그 과정 자체가 우리가 기쁨으로 나아가고 있는 '현재 진행 중'인 징표라고 생각한다.

그렇다고 이 글을 읽는 여러분이 내가 지나치게 정신적이라거나 종교적인 바탕 위에 이런 말을 한다고 생각하지 않았으면 좋겠다. 내가 지금까지의 경험으로 알게 된 것은 행복해지기 위해 매순간 치열하게 노력하는 사람은 생각보다 드물다는 것이다. 그리고 행복은 언제나 흘러가버리는 것에 기반을 두고 있다.

차에 녹이 슬어버리는 일이나 새로 산 푹신거리는 소파 위에 고양이가 조금 전에 삼킨 것을 토해내는 일에 사람들은 일희일비한다. 하지만 생활의 모든 목적을 궁극적으로 평화에 둔다면 우리는 훨씬 편안한 마음으로 더 큰 행복을 느끼면서 살아갈 수 있을 것이다.

마음을 불편하게 하거나 걱정스럽게 만들던 것들도 더 이상 나를 괴롭게 만들지 않는다. 오랫동안 나는 모든 사람들이 나를 좋아해주기를 원하고, 상황이 그렇게 되지 않을 때는 초조해하고 불안해했다. 하지만 지금의 나는 사람들의 의견 하나하나에 대해서 별로 신경 쓰지 않는다.

물론 한편으로는 나에 대한 그들의 의견이 점점 더 중요해지는 사람들도 생겨난다. 어쩌면 나이가 들면서 느끼는 가장 중요한 변화는 누군가의 의견은 점점 더 중요해지고, 또 다른 누군가의 의견은 전혀 그렇지 않은 것으로 저절로 정리가 된다는 사실이다. 만일 이런 사실을 스스로 깨친 사람이라면 내가 말하는 의미가 어떤 것인지 알 수 있을 것이다.

어렸을 때는 부자인 사람들에게 특별한 느낌을 받았었지만 지금은 더 이상 그렇지 않다. 물론 나는 돈을 가진 사람들이 오랫동안 원하고 노력해서 지금의 재산을 일구어냈다는 것을 알고 있다.

하지만 지금 내가 원하는 것은 그들이 젊었을 때 갈망했던 것과는 다른 종류의 것이다. 내가 원하는 것의 대부분은 지금 갖고 있는 것, 그리고 지금 내가 있는 곳에서 느끼고 맛볼 수 있는 것에 대해 감사하는 마음을 갖는 것이다.

이 글을 쓰고 있는 지금 같은 연말엔 지난 시간에 대한 회고와 반성의 시간이 있게 마련이다. 그리고 내가 지난 1년간 새롭게 알게 된 것에 대해 적어보기에도 적당한 시간이다. 그런 시간을 보내고 나면 뭔가 내가 발전하고 있다는 느낌을 갖게 된다. 해가 갈수록 같은 실수를 바보같이 되풀이하고 있지는 않다는 것을 알게 되기 때문이다. 물론 같은 실수를 반복하지 않는다는 건 그 실수를 하는 시간을 다른 종류의 실수를 저지르는 시간들로 새롭게 채워 넣고 있기 때문이기도 하다.

내가 점점 나아지고 있다는 느낌을 가질 수 있었던 건 반성의 시간을 통해 나 스스로 어떤 것을 유지하고, 어떤 것이 내게 좋은 일이었는지, 그리고 어떤 것이 내게 불필요했고, 어떤 것을 좀 더 노력하면 좋은지 등에 대해 알게 됐기 때문이기도 하다.

고등학교 때 나는 잡화점에서 일을 한 적이 있다. 매주 월요일마다 나는 가게가 갖고 있는 물품들과 부족한 것들을 알아보기 위해 목록표를 만들었다. 신앙인의 삶에서도 마찬가지다. 정기적으로 우리는 소유하고 있는 것들이 어떤 것인지, 그리고 하느님이 우리에게 주신 것, 감사해야 할 것, 바라고 계신 것들에 대한 목록표를 만들어볼 필요가 있다. 이건 내가 중년에 이르러서야 알게 된 사실이다. 큰 도시의 작은 교회에서, 그리고 그 작은 교회의 많은 친구들로부터 알게 된 것이다.

14. 천국의 가게

베이커 아저씨는 덴빌에 컴퓨터 가게를 갖고 있었다. 그는 우리 동네의 장의사이기도 했다. 우리 마을같이 작은 동네에서 아저씨의 충분한 수입이 될 만큼 사람들이 사망하는 일은 있을 수 없었기 때문에 베이커 아저씨는 컴퓨터 가게를 열어 수입을 충당해야 했다.

그렇다고 베이커 아저씨가 컴퓨터 가게에서 충분한 돈을 벌었던 것도 아니다. 그는 직업이 필요한 사람이 있으면 누구든지 고용해 줬기 때문이다. 자기가 운이 없다고 느끼며 낙심하고 있던 사람이라면 그 일이 설사 앞치마를 두르고 하는 일이거나 작은 못의 무게를 달아야 하는 일일지라도 몇 분 안에 준비를 갖춰 일을 시작할 수 있는 마음일 것이다. 베이커 아저씨는 그런 마음을 가진 사람들을 구원해주는 분이었다. 아저씨 가게에는 힘들게 생계를 영위하는 사람들이 '진짜' 직장을 구하기 전까지 일는 경우가 많았다.

하지만 베이커 아저씨가 일종의 규칙을 갖고 있었다면 '여자 직원 사절'로 일관했다는 것이다. 그는 컴퓨터 가게를 자주 드나드는 남자들이 여자 직원에게 시시콜콜한 문제들을 편한 마음으로 털어놓으려면 많은 용기가 필요하다고 생각했던 모양이다.

같은 이유로 밍글 부인은 그녀의 의상실에 남자를 고용하지 않았다. 물론 이건 오래 전의 이야기다. 이 글을 읽는 독자들은 주저 없이 '이건 성차별 아니야?' 하는 의문을 가질 수 있다는 것을 인정한다.

베이커 아저씨 컴퓨터 가게의 가장 큰 장점은 원하는 물건이 있다면 필요한 만큼만 살 수 있다는 것이다. 얼마 전에는 아들의 자전거를 수리하기 위해 못 하나가 필요했다. 하지만 못 한 개만을 살 수 있는 곳은 세상 어디에도 없어서 나는 울며 겨자 먹기로 12개들이 못 세트를 구입해야만 했다. 나는 앞으로도 11개의 남은 못을 쓸 일이 없을 것이다. 쓰지도 않을 그 물건들에 대해 난 2.5달러를 버리다시피 한 거나 다름없게 됐다.

남은 못들은 역시 지난번에 쓰고 11개가 남은 다른 크기의 못 세트 옆에 고스란히 보관하게 됐다. 그리고 최근 들어서야 나는 필요한 도구들을 원하는 개수만큼만 살 수 있는 가게를 발견하게 됐다. 나는 베이커 아저씨 가게에 대한 향수를 떠올리며 가게 안으로 걸어들어 갔다. 그리고 짤랑거리는 내 주머니에서 동전을 꺼내 값을

지불하며 못 하나를 주문했다. 가게 주인은 내게
동전을 받아 작은 종이 백에 넣더니 윗부분을
조심스럽게 닫았다. 그리곤 못 하나를 내게 꺼내
주며 "좋은 하루 보내세요" 인사를 건넸다.

모든 거래가 이런 식으로 이루어진다면 얼마
나 좋을까.

베이커 아저씨 가게의 운영 원칙은 '신뢰'였다. 만일 하나에 3센
트 하는 나사못 10개를 골라 계산을 할 때면 계산대를 맡고 있는 레
스 아저씨에게 "10개요" 하는 말이면 계산이 이루어졌다. 계산원이
었던 레스 아저씨는 "음, 그럼 30센트요. 세금 1페니 추가하시면 됩
니다." 하는 말을 덧붙이곤 했다. 언젠가 베이커 아저씨가 새로 채
용한 계산원은 몇 개를 샀다는 우리말을 믿는 대신 구입한 물건의
개수를 일일이 세어 계산을 했다. 이런 일은 우리를 부도덕한 사람
으로 취급하는 것만 같은 매우 당혹스러운 경험이었다.

베이커 아저씨는 현금과 수표는 물론 외상도 기꺼이 받았다. 내
가 외상으로 물건을 산다는 것은 언젠가 갚는다는 의미가 전혀 없
었다. 내가 레스 아저씨에게 '아저씨 외상이에요' 하고 물건을 들
고 나가면 월말쯤 요금 장부를 맡았던 레스 아저씨가 월급 잔고를
통해 외상 문제를 해결해주곤 했다.

내가 처음 외상에 대해 배운 것은 11살 때였고, 바로 베이커 아저
씨의 가게에서였다. 나는 주머니칼을 하나 집어 들고 "제 아버지 이
름으로 외상을 올려주세요" 하고 가게를 나왔었다. 당시의 나는 거

기가 꼭 학교가 아니더라도 내 이름이 노트에 적히는 것에 대해 대단히 민감하게 생각했던 것 같다. 하지만 외상으로 마음껏 물건을 살 수 있던 나의 좋은 시절은 아버지가 대금 청구서를 받던 그 날로 완전히 산산조각 나며 끝나버렸다.

내가 첫 별명을 얻은 곳도 베이커 아저씨 가게에서였다. 한 번은 울타리에 박을 못을 사기 위해 그 곳에 갔었는데, 난 울타리에 박는 못의 이름을 어떻게 부르는지 모르는 채로 갔었다. 그래서 가게에 도착한 다음 레스 아저씨에게 "U자 못이 어디 있죠?" 하고 물었었다. 레스 아저씨는 그 말을 듣자마자 "U자 못이라구? U자 못이 뭐지?" 하며 웃었다. 그 이후로 내가 베이커 아저씨 가게에 들를 때마다 레스 아저씨는 내게 "어서 와, U자 못!" 하며 반겨주었다.

작은 마을에서 그런 별명으로 불린다는 건 꽤 부끄러운 일이었다. 물론 덕분에 이후의 나는 아주 세심한 것까지 신경 쓰고 알고 싶어 하는 사람이 됐지만 요즘 같이 시간이 많이 지난 때에도 집에 도착해 고향 마을 사람들과 만나면 나는 펜스 스테이플이 뭔지 몰라 헤맸던 꼬맹이로 기억되고 있다.

베이커 아저씨 가게는 내가 고향집을 떠난 지 몇 년 뒤에 문을 닫았다. 대규모로 물건을 취급하는 매장들이 들어서기 시작했고, 컴퓨터 부품을 취급하는 대형 매장이 2개나 마을에 들어섰다. 베이커 아저씨 가게는 그런 매장과 경쟁할 수 있는 상대가 안 됐다.

새로운 컴퓨터 가게는 베이커 아저씨 가게처럼 나무 바닥 매장이 아니었다. 카운터에서 계산을 하는 사람은 내가 가게에 들어설 때마다 이름을 불러주지도 않았고, 외상도 할 수 없었다.

때때로 사람들은 내게 목사가 생각하는 천국이란 어떤 곳인지 묻곤 한다. 나는 그들에게 천국에는 아마도 나무 바닥이 깔려 있을 것 같다고 말하곤 한다. 그리고 그 곳에선 별다른 소란을 피우지 않아도 원하는 것을 얻을 수 있을 거라고 말한다.

천국에서 사람들을 맞아주는 사람은 당연히 그 곳에 들어서는 사람들의 이름을 모두 알고 다정하게 이름을 불러줄 것이다. 뿐만 아니라 그들은 사람들 각각의 아버지 이름이 무엇인지도 알고 있을 것이 분명하다. 그들은 심지어 한 명 한 명의 어머니가 고등학교에 다닐 때 지역 리그에서 우승한 야구팀의 주전으로 뛰고 있던 멋진 남학생과 데이트한 날짜가 언제인지도 기억할 수 있을 것이다.

곳곳에는 신뢰가 넘쳐날 것이다. 그런 천국 사람들 간의 유대감이란 너무도 따스하고 은혜로운 것이어서 그 곳에 발을 디뎌놓은 이상 별다른 할 말이나 할 일이 없어도 당신은 사람들 곁에서 영원히 머물고 싶을 것이다. 그리고 별로 똑똑하지 못한 꼬맹이도 그 곳에선 행복할 수 있을 것이다.

15. 가족의 가치

먼저 고백해 두고 싶다. 나는 가족의 가치를 굉장히 신봉하는 사람이다. 내가 살고 있는 도시도 가족의 가치를 매우 중요하게 생각하는 곳이다. 내 주변의 사람들도 마찬가지다. 가족이라는 가치는 대부분의 사람들이 가장 중요하게 생각하는 것 중의 하나다.

나는 모든 사람들이 가족이라는 테두리 안에 속해야만 한다고 생각한다. 그런 면에서 나는 한 사람의 남편이면서 아내와 두 아이를 가진 가족의 일원이 '자연스럽게' 됐다는 사실에 너무나 감사하고 있다.

물론 아쉬운 점도 있다. 만일 내 아내가 아이들과 함께 집안에 머물 수 있는 사람이라면 더할 나위 없이 좋았을 것이다. 그리고 교외에 살 수 있었다면 더 좋았을 것이다. 아이를 돌보는 자애로운 엄마가 있는 아늑한 곳의 평화로운 가정이란 아마도 거의 모든 남자들이 이상적으로 생각하는 가족상일 것이다. 아무리 외식이 좋더라도 아내가 차려준 정성이 깃든 집안에서의 식사를 이상향으로 꿈꾸는 것은 어쩔 수 없는 일이다.

많은 사람들, 특히 어른들은 가족 안에서 생기는 말썽들은 여자가 가정 밖에서 사회활동을 하기 때문에 생기는 거라고 말한다. "왜 여자가 가정을 지켜야 하죠?"라는 질문이 먼저 나올 법한 생각이지만, 이 말에도 일리는 있다. 대부분의 사람들이 소중하게 생각하는 '가족과 가정의 가치'는 섬세한 여성의 손길 안에서 지켜지는 것이 더 쉽고, 그럴 가능성이 높다.

한때 나는 왜 이런 사태를 방치하고 있는지 의회에서 청문회라도 열어야 한다고 생각했다. 내가 기억하는 것이 맞다면 여자들이 밖에 나가서 열심히 일하는 트렌드는 엔진 달린 모터보트가 시중에 나오기 시작하면서부터였기 때문이다.

남자들 − 주말을 집안에서 편안하게 보내는데 만족하면서 차고에서 새장을 만들며 즐거워하던 남자들이 주말을 강가에서 보내길 원하기 시작한 것이다. 하지만 강에서 시간을 보내기 위해서는 많은 돈이 필요했다. 그것은 대부분의 보통 남자들이 벌 수 있는 돈의 규모를 초과할 만큼의 거금이었다. 때문에 그 때부터 남자들은 아내들에게 일을 해서 돈을 벌었으면 하고 은근히 압력을 넣기 시작했다. 남자들에겐 좋은 모터보트를 사는 일이 우선 과제가 됐다. 그리고 그 압력에 못 이겨 가정을 돌보고 싶어 하는 여자들이 억지로 바깥일을 시작하면서 모든 것이 망가지게 됐다.

이 책을 읽는 당신이 알아야 할 것이 있다. 만일 우리가 원하는 가족의 가치를 간직하기 위해서는 무엇보다 우리는 치솟아 가는 모터보트 값에 대해 뭔가 조치를 취해야만 한다. 여기서 내가 제안하고 싶은 것은, 평범한 가정에도 모터보트 값을 지원해 주는 것을 법으로 제정하겠다고 공약하는 정치가를 선거에서 당선시키는 것이다.

우리의 복지비가 아깝게 길 위에 뿌려지는 것을 보는 대신 지금 당면하고 있는 문제의 실체에 접근해본다면 하늘 높은 줄 모르고 치솟는 모터보트 값에 대한 실질적인 대책을 세우는 것이 보다 합리적이다.

내 생각에는 교회도 이런 상황이 가져올 수 있는 문제를 해결하면서 얻을 수 있는 것이 분명히 있다. 목사들은 '저희 가정이 파탄나게 생겼습니다' 라며 괴로움에 지쳐 찾아오는 신자를 보며 가슴 아파하지 않아도 될 것이다.

하지만 이 문제가 해결되더라도 결국 우리는 또 다른 상황을 맞게 될 것이다. 각 가정이 모터보트를 장만하게 된다면, 그 때는 모두가 모터보트를 보관할 수 있는 여유 공간을 위해 차고 크기를 넓힐 수 있는 법안이 통과되기를 바랄 것이다. 그리고 마침내는 모든 이들의 '넓은' 차고 안에 모터보트 하나씩 넣어주는 것을 약속하는 후보가 당선되기를 바라게 될 것이다.

물론, 지금까지의 모터보트 이야기는 웃자는 농담이다. 나는 가족이라는 가치가 어떻게 붕괴되고 있는지를 말하고 싶었다. 전문가라고 하는 사람들이 가족 문제에 대해 내놓는 대부분의 해법들은 내가 듣기에 매우 공허하고 효과가 없는 것처럼 들린다. 가족의 가치를 지키기 위해 왜 모터보트가 필요하고, 왜 모터보트를 보관할 여유 공간이 필요하단 말인가.

물론 가족의 가치를 위해 사회와 국가가 지원하고 보장해야 할 제도들이 많이 있다. 그러나 행복한 가정을 유지하기 위해 필요한 정말로 중요한 역할은 가족 구성원의 몫이다. 우리는 학교가 아이들에게 가족의 소중한 가치를 가르쳐 주기를 바란다. 정치가들에게도 가족의 가치를 지켜갈 수 있는 법안을 만들어 달라고 요구한다. 심지어 헐리우드에도 가정의 의미를 강조할 수 있는 작품을 만들어 주기를 기대한다. 모두가 가족의 가치에 대해 인식을 새롭게 하고 있다. 단 한 곳, 가족 안에서를 제외하고 말이다. 가족 안에서는 아무도 적극적으로 나서려 하지 않는다.

학교는 교육을 위해 있고, 정치가들은 통치를 위해 있다. 그리고 헐리우드는 돈을 벌기 위해 있다. 양육과 사랑, 서로에 대한 무한한 지지, 그리고 말할 수 없는 삶의 소중한 가치를 위해 존재하는 것은 다름 아닌 가족이다. 교육과 사회, 정치나 국가가 당연히 담당해야 한다고 생각하는 모든 것들이 원래는 가족의 몫이다.

우리가 가정의 가치를 위해 가족 안에서 할 수 있는 일은 어떤 것들이 있을까? 부모가 된 입장이라면 몇 가지 실천해볼 수 있는 방법이 있다. 그것은 간단하지만 어렵다. 이런 '간단하지만 어려운' 문제에 대해서는 '끈기'만이 정답이 될 수 있다.

'평화'에 대해 가르치고 싶다면 용서에 대해 모범을 보여라.
약물에 현혹되지 않는 자세를 가르치고 싶다면 술병의 술을 모두 따라 버려라.
성실함에 대해 가르치고 싶다면 한 번 했던 말은 꼭 지켜 나가라.
검소함을 가르치고 싶다면 단순한 생활을 실천하라.
부부간의 신뢰에 대해 가르치고 싶다면 배우자를 속이지 말라.
다른 사람에 대한 배려를 가르치고 싶다면 뭔가를 판단할 때 다른 요소를 고려할 줄 아는 태도를 보여라.
자비를 가르치고 싶다면 남에게 먼저 자비로워라.
그리고 아이들을 교회로 데려가라. 건강하게 성장하고 있는 좋은 교회에서는 사랑과 타인에 대한 배려가 설교로 말해질 뿐만 아니라 실천되고 있다.

가끔, 태어나서 어린 시절을 보낸 집을 떠올릴 때가 있습니다. 그것은 모든 것이 마냥 신기하고 좋기만 하던 어린 시절에 대한 향수일 수도 있고, 한편으로는 되돌아갈 수 없는 절대 순수에의 그리움 때문인 것도 같습니다.

그 시절의 기억들이 이 책을 옮기는 동안 생생하게 되살아나는 것을 느꼈습니다. 일상의 업무를 마치고 늦은 밤에야 지친 눈으로 번역 작업을 시작할 때가 더 많았지만 글 속에 들어가 함께 울고 웃다 보면 어느새 피곤함을 잊고 마음은 오히려 한결 아늑하고 푸근해졌습니다.

이 책은 저자가 일상의 삶 속에서 직접 체험해온 일과 사람과 사건들을 에피소드 중심으로 나누어 재미있게 엮은 단상집입니다. 쉽고 재미있는 짧은 이야기들의 묶음집이지만 소재의 다양함이나 이야기의 폭과 깊이 면에서 어떤 사상서나 철학서 못지않은 삶의 지혜와 철학을 제시해주고 있습니다.

저자인 필립 걸리는 목사이지만 이 책에서는 특정 종교에 대한 우월감이나 선입견이 보이지 않습니다. 오히려 모든 것에 대한 열린 마음으로 가족과 친구, 그리고 자신이 지금 서 있는 곳에서의 진실한 삶의 모습을 그만의 따뜻하고 포근한 시선으로 재치 있게 전달합니다.

그의 이야기를 읽다보면 우리의 삶 속에서 정작 자신이 진정으로 원하고 있는 것이 무엇이었는지 또 그것을 위해 지금 어떤 노력을 하고 있는지 되짚어 보게 됩니다. 그리고 삶의 소중한 가치들을 '언젠가의 행복'을 준비한다는 이유로 쉽게 포기하고 있다는 사실을 깨닫게 합니다.

특히 내용 중 '뿌리를 키운다는 것'이나 '영혼을 길들인다는 것' 등의 에피소드를 통해서는 마음의 본질적인 평안과 이를 위해 필요한 것이 과연 어떤 것인지에 대해 다시 한 번 생각하게 합니다.

어린 시절의 재미있는 추억을 공유한 친구와 오랜만에 만나 정말 하고 싶었던 얘기들을 마음껏 쏟아놓고 기분 좋게 웃고 난 기분입니다.

이 책을 처음 만났을 때 제 마음에 보석같이 와 닿던 책 속의 에피소드들이 마지막 원고를 검토하는 이 시간에는 감사함과 충만함으로 남게 됐습니다. 그 감동을 독자들과 함께 하고 싶은 마음입니다.

번역을 하면서, 삽화를 그리면서 많이 행복했습니다.

오상연

의자와의 대화

지은이/ 필립 걸리 ●옮긴이/ 오상연 ●펴낸이/ 박영발 ●펴낸곳/ W미디어
등록/ 제2005-000030호 ●1쇄 발행/ 2010년 11월 5일
주소/ 서울 양천구 목동 907 현대월드타워 1905호
　　　전화/ 6678-0708 ●팩스/ 6678-0399

　　　978-89-91761-41-4 03200
값 10,000원